Walter Haug

Die höfische Liebe im Horizont der erotischen Diskurse
des Mittelalters und der Frühen Neuzeit

Wolfgang Stammler Gastprofessur

für Germanische Philologie

– Vorträge –

herausgegeben vom Mediävistischen Institut
der Universität Freiburg Schweiz

Heft 10

Walter de Gruyter · Berlin · New York

Walter Haug

Die höfische Liebe
im Horizont der erotischen Diskurse
des Mittelalters und der Frühen Neuzeit

Walter de Gruyter · Berlin · New York

Veröffentlicht mit Unterstützung des Hochschulrates Freiburg Schweiz

Erweiterte Neufassung des im Freiburger Universitätsverlag erschienenen Titels
„Der Tristanroman im Horizont der erotischen Diskurse des Mittelalters
und der Frühen Neuzeit"
(Freiburg Schweiz 2000).

∞ Gedruckt auf säurefreiem Papier,
das die US-ANSI-Norm über Haltbarkeit erfüllt.

ISBN 3-11-018049-9
ISSN 1420-4681

Bibliografische Information Der Deutschen Bibliothek

Die Deutsche Bibliothek verzeichnet diese Publikation in der
Deutschen Nationalbibliografie; detaillierte bibliografische Daten
sind im Internet über http://dnb.ddb.de abrufbar.

© Copyright 2004 by Walter de Gruyter GmbH & Co. KG, 10785 Berlin.
Dieses Werk einschließlich aller seiner Teile ist urheberrechtlich geschützt. Jede Verwertung
außerhalb der engen Grenzen des Urheberrechtsgesetzes ist ohne Zustimmung des Verlages
unzulässig und strafbar. Das gilt insbesondere für Vervielfältigungen, Übersetzungen, Mikro-
verfilmungen und die Einspeicherung und Verarbeitung in elektronischen Systemen.
Printed in Germany
Umschlaggestaltung: Christopher Schneider, Berlin
Satz: Martin Rohde, Mediävistisches Institut, Universität Freiburg Schweiz
Druck und buchbinderische Verarbeitung: Hubert & Co. GmbH & Co. KG, Göttingen

Inhalt

Hubert Herkommer – Begrüßung 7

Walter Haug – Der Tristanroman im Horizont der erotischen
    Diskurse des Mittelalters und der frühen Neuzeit 11

Curriculum vitae Walter Haug 63

Veröffentlichungen von Walter Haug 1952–2002 64

Begrüßung

Guten Abend, meine Damen und Herren.

Walter Haug, der Inhaber der Wolfgang Stammler-Gastprofessur in diesem akademischen Jahr, ist vom kleinen Walenstadt im Kanton St. Gallen und vom bündnerischen Schiers aus gestartet. Am dortigen Gymnasium erteilte ihm ein gewisser Kurt Ruh den Deutschunterricht, derselbe, der ihm viele Jahre später von Würzburg aus sein Eckhart-Buch gewidmet hat. Dann ist Walter Haug für immer draußen geblieben: in Wien, wohin ihn das Theater lockte, „jene (Originalton Haug) schillernde Grenzzone der bürgerlichen Welt, in der man sich ins Unbürgerliche vorwagte, um es zugleich ästhetisch zu vereinnahmen", und dann in München, zunächst als Theatermann, der 1958 dem Bidermannschen ‚Cenodoxus' zu einer Festaufführung anläßlich der 800-Jahrfeier der bayerischen Landeshauptstadt verhalf, bis ihn schließlich Hugo Kuhn dauerhaft vom Theater weglockte. 1967 holte ihn die neugegründete Universität Regensburg auf ihren altgermanistischen Lehrstuhl. Sechs Jahre später ging er als Nachfolger von Wolfgang Mohr an die Universität Tübingen. 22 Jahre wirkte er hier an der Seite seines Freundes und Mitstreiters Burghart Wachinger. Ihre Leistungen wurden 1987 mit dem Leibniz-Preis ausgezeichnet, und 1992 ist aus Anlaß von Wachingers 60. und Haugs 65. Geburtstag diesen beiden aufs schönste sich ergänzenden altgermanistischen Dioskuren eine gemeinsame, zweibändige Festschrift gewidmet worden. Seit seiner Entpflichtung von den Tübinger Lehrveranstaltungen hält sich Haug mit Vorliebe als Gastprofessor an amerikanischen Universitäten auf, von wo er heute zu uns nach Freiburg gekommen ist.

Als Emeritus wird er es sich jetzt gefallen lassen müssen, daß sein weitgespanntes wissenschaftliches Werk an den Ausführungen eines Schweizer Landsmanns gemessen wird. Für Jacob Burckhardt erscheint unter den „Repräsentanten des Geistes" derjenige als „großes Individuum", ohne den „nicht vorwärts zu kommen wäre", da „alle großen Dinge des Geistes" – sprich hier: der Literaturwissenschaft – „von ihren großen Repräsentanten leben und die allgemeine zeitweilige Erhöhung des Niveaus nur ihnen verdanken."

Es waren vielfältige Herausgeberschaften, über die es Walter Haug gelungen ist, das Niveau unseres Faches keineswegs nur zeitweilig zu erhöhen und die mitunter ins Schleudern geratenen Maßstäbe philologischer Präzision, methodischer Stringenz und komparatistischer Weite zu stabilisieren oder unter veränderten Vorzeichen neu zu etablieren. Die renommierteste geisteswissenschaftliche Zeitschrift des deutschen Sprachraums, die 1923 von Paul Kluckhohn und Erich Rothacker begründete ‚Deutsche Vierteljahrsschrift für Literaturwissenschaft und Geistesgeschichte‘, wird nach dem Tode Hugo Kuhns in den beiden letzten Jahrzehnten unseres Jahrhunderts von Walter Haug, Kuhns kongenialem Schüler, betreut, zusammen mit dem Tübinger Neugermanisten Richard Brinkmann. Zu nennen sind in diesem Zusammenhang ferner seine jahrzehntelange Auswahltätigkeit in der Kommission für deutsche Literatur des Mittelalters der Bayerischen Akademie der Wissenschaften für die ‚Münchener Texte und Untersuchungen zur deutschen Literatur des Mittelalters‘ und, mir besonders vertraut, seine Arbeit für die ‚Bibliotheca Germanica‘. Das Wolfenbüttler DFG-Symposion von 1978 zu den ‚Formen und Funktionen der Allegorie‘ hat er mitorganisiert und dessen Beiträge ediert. In der hochinnovativen Reihe der Konstanzer Forschungsgruppe ‚Poetik und Hermeneutik‘, deren Mitglied er ist, hat Haug zusammen mit Rainer Warning den facettenreichen Band über ‚Das Fest‘ herausgegeben. Ohne ihn sind auch die durch den Leibniz-Preis ermöglichten Kolloquien und daraus hervorgegangenen Bände der Reihe ‚Fortuna Vitrea‘ nicht denkbar, der Arbeiten zur literarischen Tradition zwischen dem 13. und 16. Jahrhundert. Mit ihrem schönen Titel erinnern diese Arbeiten auch an das gläserne Glück literaturwissenschaftlichen Forschens, das im geschichtlichen Wandel der Erkenntnishorizonte jederzeit der Zerbrechlichkeit anheimgegeben ist und bleiben muß, mit all den daraus resultierenden heilsamen Folgen für die Selbsteinschätzung des Wissenschaftlers. Und was wäre das ehrgeizige Jahrhundertunternehmen der ‚Bibliothek deutscher Klassiker‘ ohne die von Walter Haug auf 24 Bände ausgerichtete und betreute ‚Bibliothek des Mittelalters‘. Hier hat er selbst die volkssprachlichen Texte des ersten Bandes ediert, übersetzt und kommentiert, vom althochdeutschen ‚Hildebrandslied‘ bis zu den frühmittelhochdeutschen Novellen der ‚Kaiserchronik‘.

Das weit gefächerte wissenschaftliche Werk Walter Haugs ist zum heutigen Anlaß nicht hinreichend vorzustellen. Seinen unverwechselbaren Zugang zur mittelalterlichen Literatur hat er selbst mit treffenden Worten beschrieben: „Ich verstehe den wissenschaftlichen Umgang mit Literatur als ein experimentierendes Befragen der Geschichte, das über die Reflexion der Methoden zugleich ein Akt des Selbstverständnisses sein muß. Denn die Beschäftigung mit der Vergangenheit kann letztlich nur fruchtbar sein, wenn sie darauf zielt zu erproben, unter welchen Fragestellungen welche historischen Konfigurationen zur Erscheinung zu bringen sind, indem wir bereit und fähig sind, die Bedingtheit unserer Zugriffe mit zu bedenken."

Die beiden Bände seiner Kleinen Schriften, wie diese bündelnde Textsorte im Anschluß an Jacob Grimm stets bescheiden genannt wird, umfassen 1440 Seiten unter programmatischen Titeln: ‚Strukturen als Schlüssel zur Welt' heißt der erste, ‚Brechungen auf dem Weg zur Individualität' der zweite Band. Haugs Einteilung dieser mediävistischen Schatzkammer liefert den Kompaß zur Orientierung in seinen zahlreichen Schwerpunkten gleich mit. Zu Beginn der Bände stellt er das Koordinatensystem auf, mit dessen Hilfe er die Texte zum Sprechen bringt: „Poetologische Universalien und Literaturgeschichte", „Über die Beschäftigung mit mittelalterlicher Literatur nach einer Lektüre der ästhetischen Schriften Bertolt Brechts" oder „Klassikerkataloge und Kanonisierungseffekte. Am Beispiel des mittelalterlich-hochhöfischen Literaturkanons". Unter den weiteren Rubriken findet man etwa Aufsätze über „Das ‚Muspilli' oder Über das Glück literaturwissenschaftlicher Verzweiflung", über „Theodorichs Ende und ein tibetisches Märchen", über „Artussage und Heilsgeschichte. Zum Programm des Fußbodenmosaiks von Otranto", und in der Abteilung zum Tristanroman, ausgelegt als die literarische Entdeckung der personalen Liebe im hohen Mittelalter, den Beitrag über „Die Tristansage und das persische Epos ‚Wîs und Râmîn'" sowie den Plenarvortrag auf dem Internationalen Germanisten-Kongreß von 1985 in Göttingen: „Gottfrieds von Straßburg ‚Tristan'. Sexueller Sündenfall oder erotische Utopie". Die kultivierte Neugier unseres Gastes macht an keiner Grenze halt: Seine Gesprächspartner sind nicht nur der ‚Prosalancelot' oder das Bildprogramm im Sommerhaus von Runkelstein, nicht nur Petrarca und Nicolaus Cusanus, Jörg Wickram und Johann Fischart, nicht nur das altindische ‚Pancatantra', das ‚Dekameron' Boccaccios und das ‚Heptameron' Margaretas von Navarra, sondern auch, und immer mit großer Eindringlichkeit, die deutsche Mystik. Wer hier Haugs Einfühlsamkeit im Gewand wissenschaftlicher Distanziertheit erkennen möchte, der lese „Das Gespräch mit dem unvergleichlichen Partner. Der mystische Dialog bei Mechthild von Magdeburg als Paradigma für eine personale Gesprächsstruktur".

Eigentlich hätte ich, lieber Herr Haug, schon längst aufhören müssen. Denn das Thema des heutigen Abends heißt ja nicht „Der unverzichtbare Beitrag Walter Haugs zur Geschichte der Germanischen Philologie", sondern „Der Tristanroman im Horizont der erotischen Diskurse des Mittelalters und der frühen Neuzeit". Aber in dieser Einführung nicht von Ihrem mediävistischen Bestseller, der ‚Literaturtheorie im deutschen

Mittelalter', zu sprechen, wäre genauso unverzeihlich, wie wenn man bei einem knappen Abriß von Hegels Werk dessen ‚Ästhetik' unterschlüge. Ich will mir jetzt nicht anmaßen, in der Kürze der Zeit die Quintessenz dieser meisterhaften Monographie auszuloten, in der Sie nicht zuletzt auch endlich einmal „mit Ernst Robert Curtius fertig werden" wollten. So leihe ich mir die Würdigung bei Max Wehrli aus, der in seiner großen Besprechung 1986 in der ‚Neuen Zürcher Zeitung' zu folgendem Urteil kam: „Man kann Haugs Buch auf verschiedene Weise lesen: als Nachschlagewerk zum Verständnis der literaturtheoretischen Stellen oder als eine Geschichte der immanenten Poetik, eine Geschichte der Literatur im Fokus ihrer poetologischen Reflexion. Es ist allemal ein gescheites, ein glänzendes Buch." Sie sehen, lieber Walter Haug, Sie müssen mit der Last, ein im Sinne Jacob Burckhardts „großes Individuum" zu sein, weiterleben und dürfen mit diesem Glück weiterforschen und weiterschreiben.

Hubert Herkommer

Der Tristanroman im Horizont der erotischen Diskurse des Mittelalters und der frühen Neuzeit

Die Diskussion um Wesen und Sinn des Erotischen und der Sexualität hat sich im Mittelalter und in der frühen Neuzeit auf sehr unterschiedlichen Ebenen abgespielt, und da sich die Perspektiven zugleich immer wieder überkreuzen, ergibt sich ein so heterogenes Mit- und Gegeneinander von Konzepten, daß es illusorisch wäre, die Befunde in eine einheitlich-durchgängige Geschichte integrieren zu wollen. Es liegt zwar eine inzwischen kaum mehr überschaubare Fülle von Einzeluntersuchungen vor, doch Entwürfe zu einem umfassenden Bild blieben, wenn sie überhaupt unternommen worden sind, unbefriedigend: sie verfuhren durchwegs eklektisch, indem sie, um vorgegebenen Konzepten und Entwicklungsmodellen zu genügen, die Ebenen ineinandergeblendet haben; ganz davon zu schweigen, daß man sich kaum um methodische Reflexion bemühte. Ich hebe nur einige markante Beispielfälle heraus: Der wohl bedeutendste Versuch auf philosophischer Grundlage stammt von Johan Chydenius. Er geht von drei Grundtypen der Liebe aus: Eros (Platon), Philia (Aristoteles) und Agape (Neues Testament), und er verfolgt dann die Geschichte der Auseinandersetzung mit ihnen durch das Mittelalter, um von da aus die Linien bis in die Neuzeit hinein weiterzuziehen, wobei theologische, philosophische und poetische Konzepte nebeneinanderstehen: Gottfried von Straßburg und Dante neben Marsilio Ficino und Johannes vom Kreuz, Madame de Lafayette und Choderlos de Laclos neben Rousseau und Goethe usw.; den Ausklang bilden Friedrich Schlegel, Chateaubriand und Stendhal.[1] Helmut Kuhn ist Chydenius in Hinblick auf die drei Grundtypen und die bedenkenlose Zusammenschau von Philosophie und Dichtung in einer knapperen Skizze vorangegangen.[2] Denis de Rougemont, auf der andern Seite, hat bei literarischen Zeugnissen, dem Tristanroman und der mittelalterlichen erotischen Lyrik, angesetzt, um deren angebliche These von der

---

1 Johan Chydenius, The symbolism of love in Medieval thought (Commentationes Humanarum Litterarum. Societas Scientiarum Fennicae 44/1), Helsinki – Helsingfors 1970; Love and the Medieval tradition (Commentationes Humanarum Litterarum. Societas Scientiarum Fennicae 58), Helsinki – Helsingfors 1977.
2 Helmut Kuhn, Liebe. Geschichte eines Begriffs, München 1955.

nur im Tod erfüllbaren Liebe einerseits auf gegenchristlich-dualistische Philosopheme zurückzuführen und anderseits ihren ideologischen Folgen bis in die Moderne nachzuspüren und im übrigen die Eheliebe als christliches Gegenkonzept herauszustellen.[3] Norbert Elias schließlich hat die Geschichte der abendländischen Sexualität in sein Entwicklungsmodell der zunehmenden Triebkontrolle einbezogen und versucht, es durch Dokumente verschiedenster Art – mittelalterliche Lyrik, didaktische Literatur, historische Zeugnisse, Bildmaterialien usw. – zu belegen, ohne dabei Rücksicht auf spezifische Traditionen und Textsorten zu nehmen.[4] All dies soll jedoch nicht heißen, daß nicht inzwischen unter wechselnden Gesichtspunkten kritische Bedenken laut ge-

---

3   Denis de Rougemont, L'amour et l'Occident, Paris 1939 u.ö., Neuauflage 1982, dt.: Die Liebe und das Abendland, Köln 1966. Vgl. Walter Haug, Eros und Tod. Erotische Grenzerfahrung im mittelalterlichen Roman, in: Walter Haug, Brechungen auf dem Weg zur Individualität. Kleine Schriften zur Literatur des Mittelalters, Tübingen 1995, S. 197–213.

4   Norbert Elias, Über den Prozeß der Zivilisation. Soziogenetische und psychogenetische Untersuchungen, Bd.1: Wandlungen des Verhaltens in den weltlichen Oberschichten des Abendlandes; Bd. 2: Wandlungen der Gesellschaft. Entwurf zu einer Theorie der Zivilisation, Frankfurt a.M. 1967. Vgl. Walter Haug, Literaturgeschichte und Triebkontrolle. Bemerkungen eines Mediävisten zum sog. Prozeß der Zivilisation, in: Jahrbuch der Heidelberger Akademie der Wissenschaften für 1993, Heidelberg 1994, S. 51–58. Siehe auch die Kritik von Peter Duerr, Der Mythos vom Zivilisationsprozeß, Bd.1: Nacktheit und Scham, Frankfurt a.M. 1985; Bd. 2: Intimität, Frankfurt a. M. 1990; Bd. 3: Obszönität und Gewalt, Frankfurt a.M. 1993; Bd. 4: Der erotische Leib, Frankfurt a. M. 1997 – eine Kritik, die aber unter umgekehrten Vorzeichen methodisch dieselben Fehler begeht. Treffend zu Duerrs Verfahren: Tilmann Walter, Unkeuschheit und Werk der Liebe. Diskurse über Sexualität am Beginn der Neuzeit in Deutschland, Berlin/New York 1998, S. 27. – Die Schüler von Norbert Elias setzen dessen Verwischung der Traditionsformen und Textgattungen fort; siehe z.B. Michael Schröter, „Wo zwei zusammenkommen in rechter Ehe..." Sozio- und psychogenetische Studien über Eheschließungsvorgänge vom 12. bis 15. Jahrhundert, Frankfurt a. M. 1985, der sich im ersten Teil seiner Arbeit fast ausschließlich auf literarische Darstellungen von Brautwerbungen und Hochzeiten stützt und sie kaum reflektiert mit der historischen Wirklichkeit gleichsetzt.

worden wären.⁵

Will man solche Einseitigkeiten und Verzerrungen vermeiden, so muß als erstes Gebot gelten, daß man die verschiedenen Ebenen, auf denen das Thema ‚Erotik' behandelt und abgehandelt worden ist, methodisch zunächst einmal auseinanderhält. Denn sie unterscheiden sich nicht nur durch je eigentümliche Denkformen und Sprechweisen, sondern es bilden sich spezifische Traditionen heraus, zu denen auch ihr unterschiedlicher Realitätsbezug gehört. Ich spreche von ‚Diskursen', wohl wissend, daß der Diskursbegriff inzwischen inflationär-verflachend als bloßes Reden über irgendeinen thematischen Zusammenhang verwendet wird. Ich distanziere mich von diesem Mißbrauch, indem ich mich bemühe, dem Begriff eine Bestimmung zu geben, die zumindest zentrale Aspekte des Sinns, unter dem er seinerzeit eingeführt worden ist, zurückholt.⁶ Ich orientiere mich dabei in erster Linie an Michel Foucaults Inauguralvorlesung am Collège de France von 1970: ‚Die Ordnung des Diskurses', ohne ihm jedoch in allen Implikationen zu folgen.⁷ Ich hebe also in Anlehnung an ihn die Eigentümlichkeiten heraus, die das Denken und Darstellen unter dem Diskursaspekt charakterisieren und auf denen denn auch seine Fruchtbarkeit für die Interpretation beruht: Diskurse sind vorgegebene symbolische Ordnungen im Sinne von Deutungsmustern und Normgebungen, in die die Subjekte eintreten; dabei können diese an mehreren solchen Ordnungen

---

5   Vgl. Ursula Peters, Historische Anthropologie und mittelalterliche Literatur. Schwerpunkte einer interdisziplinären Forschungsdiskussion, in: Festschrift Walter Haug und Burghart Wachinger, Tübingen 1991, Bd.1, S. 63–86, hier S. 69. Siehe ferner die kritische Literatur in den Anmerkungen 3 und 4 sowie die jüngeren Differenzierungsversuche, die in Anm. 10 erwähnt werden.

6   Zur Diskussion um den Diskursbegriff: Diskurstheorien und Literaturwissenschaft, hg. von Jürgen Fohrmann und Harro Müller, Frankfurt a. M. 1988 [mit einer ‚Bibliographie zur Diskurstheorie', S. 441ff.]; Das Wuchern der Diskurse. Perspektiven der Diskursanalyse Foucaults, hg. von Hannelore Bublitz, Andrea D. Bührmann usw., Frankfurt a. M./New York 1999; Diskurs, hg. von Heinz-Ulrich Nennen, Würzburg 1999.

7   Michel Foucault, Die Ordnung des Diskurses. Mit einem Essay von Ralf Konersmann, Frankfurt a. M. ⁸2001. Ich konzentriere mich auf diese Arbeit, denn der Diskursbegriff bleibt bei Foucault nicht konstant, er hat ihn vielmehr immer wieder umgedacht, so daß sich insgesamt ein verwirrendes Bild ergibt. Man hat sich damit schwer getan; siehe z.B. Manfred Frank, Zum Diskursbegriff bei Foucault, in: Diskurstheorien (Anm. 6), S. 25–44.

teilhaben, ohne daß diese kompatibel sein müßten. Vielstimmigkeit ist kennzeichnend. Dies wird sowohl durch ideengeschichtliche Harmonisierung wie durch Subjektbezogenheit verfehlt.[8] Die Diskurse wirken durch ihre Struktur determinierend und disziplinierend, sie sind machtbezogen, sie zeigen sich als Zwänge. Doch gerade dies treibt Gegenimpulse hervor. Der Statik der Ordnung wohnt ein dynamisches Moment inne, das sich in Diskontinuitäten auswirkt. Dies ist die ereignishafte Seite des Diskurses: Er drängt zu seiner eigenen Grenze und provoziert sie subversiv. Diese ambivalente Mitte zwischen Struktur und Ereignis ist wohl der schwierigste Zug des Foucaultschen Diskursbegriffs, doch gerade auf das kontingente Verhältnis von Kontinuitäten und Umbrüchen wird es mir im folgenden ankommen.

Wenn ich nun zunächst die Spielformen aufzeige, in denen die verschiedenen erotischen Diskurse sich realisiert haben, wird es also darum gehen, sowohl ihr zwingendes Durchhaltevermögen wie auch ihre diskontinuierlichen, ereignishaften Umformulierungen in den Blick zu bringen. Das heißt selbstverständlich nicht, daß nicht auch die Möglichkeiten von Überschneidungen, Übergängen und Wechselwirkungen zu berücksichtigen wären.

Meine Ausführungen gliedern sich in zwei Teile, denn sie haben eine doppelte Ausrichtung. Zum einen gilt mein Interesse als Literarhistoriker insbesondere jenem erotischen Diskurs, durch den es im hohen Mittelalter zu einem so radikalen Wandel in den Denk- und Vorstellungsformen gekommen ist, daß dies die abendländische Idee der Geschlechterliebe bis in die Neuzeit hinein nachhaltig geprägt hat: ich denke an den höfisch-literarischen Diskurs. Zum andern stößt gerade dies die Frage an, wie dieser Wandel vor dem Hintergrund der übrigen erotischen Diskurse der Zeit zu verstehen ist. So versuche ich denn in einem ersten Teil einen skizzenhaften Überblick über die verschiedenen Diskurse zu geben, in denen im Mittelalter und in der frühen Neuzeit das erotische Thema erörtert worden ist. Der zweite Teil soll dann in der Weise darauf aufbauen, daß die große literarische Neuerung in ihrem Wechsel- und Gegenspiel mit den übrigen Diskursen heraustritt, wobei das prekärste Experiment im Fluchtpunkt stehen soll: der ‚Tristanroman'.

Man kann dieses doppelperspektivische Verfahren im übrigen auch als einen Beitrag zu dem gegenwärtig so heftig diskutierten Verhältnis

---

8   Vgl. dazu auch Michel Foucaults Berkeley-Vorlesungen: Diskurs und Wahrheit. Die Problematisierung der Parrhesia, Berlin 1996, S. 77f.

von Kulturwissenschaft und Literaturgeschichte verstehen. Es demonstriert jedenfalls, daß man der Eigenständigkeit literarischer Überlieferungen auch dann gerecht werden kann, wenn man die kulturelle Situation mit aufarbeitet, in denen sie gewirkt haben. Gerade vor deren Hintergrund werden die spezifischen Möglichkeiten der Literatur sichtbar, indem sich zeigt, in welchem Maße sie ihre kulturgeschichtlichen Bedingungen reflektierend und experimentierend zu überschreiten vermag.[9]

I

Es lassen sich in dem zur Debatte stehenden Zeitraum sieben Argumentationszusammenhänge unterscheiden, in denen das Problem des Erotischen diskutiert worden ist:[10]

---

9   Siehe zu dieser Debatte: Walter Haug, Literaturwissenschaft als Kulturwissenschaft? in: DVjs 73 (1999), S. 69–93. Die Kritik von Gerhart von Graevenitz in seiner ‚Erwiderung', ebd., S. 94–115, die der modischen kulturgeschichtlichen Vereinnahmung der Literatur das Wort redet, habe ich in meiner ‚Erwiderung auf die Erwiderung', ebd., S. 116–121, wie ich denke, deutlich genug zurückgewiesen.

10 Soweit ich sehe, war John W. Baldwin der erste, der sich bemüht hat, konsequent differenzierend zu verfahren: The language of sex. Five voices from Northern France around 1200, Chicago/London 1994. Baldwin unterscheidet drei lateinische Diskurse: den theologisch-kanonistischen, den medizinischen und den literarisch-ovidischen Diskurs, und stellt diesen Traditionen einen vulgärsprachlichen Diskurs gegenüber, wobei er zwischen den höfischen Romanen und den Fabliaux unterscheidet. Wenngleich weitere Differenzierungen erforderlich sind, so hat er doch im Prinzip den richtigen Weg eingeschlagen. Grobmaschiger arbeitet Walter, Unkeuschheit [Anm. 4], wenn er nur zwischen einem theologischen, einem dichterischen und einem (sehr ausufernden) medizinischen erotischen Diskurs unterscheidet, wobei beim dichterischen Diskurs fast ausschließlich Schwänke und Fastnachtspiele zur Sprache kommen. In einem schmalen Kapitel, S. 286ff., erörtert er dann noch frühneuzeitliche Ehevorschriften. – Michel Foucaults Histoire de la sexualité, 3 Bde., Paris 1976, 1984, 1984, ist leider Fragment geblieben; es fehlt der Mittelalter-Teil. So läßt sich nicht sagen, ob er die kurzsichtige Feststellung in Bd. 1, S. 46, daß das Mittelalter das Thema vom Umgang mit dem Sexuellen im Gegensatz zum 18. Jahr-

1. Der kirchlich-kanonistische Diskurs: die Erörterung und Beurteilung des Erotischen im Rahmen der patristischen und dann kanonistischen Lehre von Sexualität, Ehe und Enthaltsamkeit.
2. Der medizinische Diskurs: die Behandlung physiologisch-sexueller Fragen insbesondere im Zusammenhang der Übernahme arabischer medizinischer Schriften seit dem Ende des 11. Jahrhunderts und dann der direkten Rezeption des artistotelischen Geschlechterkonzepts.
3. Der feudale Diskurs: die Einstellung der weltlichen Führungsschicht zur Sexualität im Blick auf die feudale Ehepraxis, wobei insbesondere hier der Machtfaktor eine prominente Rolle spielt.
4. Der philosophisch-theologische Diskurs: die christliche Umformulierung antiker, insbesondere neuplatonischer Eros-Theorien. Sie prägt in vielen Varianten die Aufstiegsmodelle der Mystik des Hoch- und Spätmittelalters. Schon im 12. Jahrhundert aber wird sie durch eine subjektiv-personal ausgerichtete Gotteserfahrung umgebrochen.
5. Der höfisch-literarische Diskurs. Hierbei geht es um das oben erwähnte große literarische Ereignis des 12. Jahrhunderts, die neue erotische Literatur in den Vulgärsprachen, die Liebeslyrik und den Liebesroman, und ihre Weiterwirkung.
6. Der burleske literarische Diskurs. Konkret ist damit die erotische Schwankliteratur gemeint, die bald den höfischen Diskurs provoziert, bald in ihn eindringt oder ihn an sich zieht, jedenfalls aber ein Gegengewicht zu ihm wie auch zu den theologischen Diskursen bildet.
7. Der theoretisch-didaktische Diskurs. Dazu gehören auf der einen Seite die mehr oder weniger profanen traktatmäßigen Erörterungen zu Erotik und Sexualität und auf der andern die literarisch-narrativ umgesetzten Liebeslehren: die Minneallegorien.

Wenn ich diese sieben Denk- und Darstellungstraditionen im folgenden zu charakterisieren versuche, so kann dies im vorgegebenen Rahmen selbstverständlich nur nach ihren Hauptlinien geschehen, doch hoffe ich, daß sich gerade dadurch die jeweiligen historischen Perspektiven um so deutlicher abzeichnen, wobei man zugleich auch nachdrücklich auf die Querbeziehungen und die geschichtlichen Schnittstellen stoßen wird.

---

hundert in einem weitgehend einheitlichen Diskurs organisiert habe, noch korrigiert hätte.

1. Der kirchlich-kanonistische Diskurs

Seit der frühen Väterzeit ist im Anschluß an die Evangelien und vor allem an Paulus versucht worden, die Position und Funktion der menschlichen Geschlechtlichkeit im Rahmen eines christlich verstandenen Lebens zu bestimmen.[11] Die zentrale Frage ist die nach dem Recht, das heißt nach dem relativen Recht der Sexualität angesichts des höheren Werts, den man der Keuschheit zugesprochen hat. Die Diskussion bewegt sich in der schwer versöhnbaren Spannung zwischen der idealen Forderung nach einer Überwindung des Sexuellen zugunsten des allein Vollkommenheit ermöglichenden Status der Abstinenz einerseits und einer pragmatischen Position anderseits, die nicht nur das Illusorische einer solchen Forderung, wenn man sie verallgemeinern wollte, sieht, sondern sich – vor allem im Hinblick auf die Fortpflanzung und zur Verhinderung sexueller Ausschweifung – zur Duldung zumindest einer an die Zügel der Ehe gelegten Sexualität verstehen muß. Die Ehe hat damit wenigstens ihr Recht als zweitbeste Lösung.[12] So schon Paulus in dem berühmten und für die christliche Sexualethik grundlegenden 7. Kapitel des 1. Korintherbriefes.

Was das Verhältnis zwischen den Geschlechtern betrifft, so sind die Rollen dieser Haltung entsprechend zugeteilt: der Mann vertritt den Geist, die Frau die Sinnlichkeit. Dabei liefert der biblische Mythos von der nachträglichen Entstehung der Frau aus einer Rippe des Mannes und von ihr als Verführerin beim Sündenfall die Argumente für eine Unterordnung, ja Abwertung des Weiblichen bis hin zu einer misogynen Verachtung, die sich mit ihren unverwüstlich-stereotypen Argumenten über die Jahrhunderte durchhält.[13] Die Frau ist zwar von Gott dem Mann zur Helferin geschaffen worden (Genesis 2,18); aber infolge

---

11   James A. Brundage, Law, sex, and Christian society in Medieval Europe, Chicago/London 1987. Für die Frühzeit: Peter Brown, The body and society. Men, women, and sexual renunciation in early Christianity, Columbia Univ. Press 1988; dt.: Die Keuschheit der Engel. Sexuelle Entsagung, Askese und Körperlichkeit am Anfang des Christentums, München 1991. Für die apostolische Zeit siehe Martin Hengel, „Apostolische" Ehen und Familien, in: Intams review 3 (1997), S. 62–75.

12   Siehe dazu Pierre J. Payer, The bridling of desire: Views on sex in the later Middle Ages, Univ. of Toronto Press 1993, insbes. die Kap. ‚Marriage and sex', S. 61ff., und ‚Legitimate reasons for marital relations', S. 84ff.

13   Grundlegend dazu R. Howard Bloch, Medieval misogyny and the invention of Western romantic love, The University of Chicago Press 1991.

des Sündenfalls wird sie in die Botmäßigkeit des Mannes gegeben (Genesis 3,16).[14] Die frühchristlichen Exegeten verschärfen das Bild. Ambrosius bezeichnet die Frau als die Ursache allen Übels, sie hat den Tod in die Welt gebracht. Auf der andern Seite wird die Überwindung der Sinnlichkeit durch ein jungfräuliches Leben bei der Frau angesichts ihrer moralischen Schwäche um so höher bewertet.[15]

So ist denn festzustellen, daß die spätantik-christliche Haltung gegenüber dem Sexuellen zwischen humaner Nachsicht und rigoroser Körperfeindlichkeit schwankt,[16] wobei letztere jedoch deutlich überwiegt.

Maßgebend für den kirchlichen erotischen Diskurs im Mittelalter wird dann die Position Augustins. Sie ist insofern in besonderer Weise zwiespältig, als er sich zum einen gegen die radikale Diffamierung des Körperlichen durch die Manichäer wendet, ja sich auch gegen Hieronymus und andere christliche Rigoristen stellt und dabei durchaus auch eine körperliche Gemeinschaft Adams und Evas im Paradies annimmt, zum andern aber die These vertritt, daß die Menschennatur als ganze durch den Sündenfall verdorben worden ist, was sich im Widerstreit zwischen dem Willen und der Begierde manifestiere. Die dezidiert antidualistische Position vor allem des späten Augustinus unterbindet folgerichtig die Möglichkeit einer moralischen Vervollkommnung und muß alle Hoffnung auf die göttliche Gnade setzen. Die Erlösung bedeutet dann entsprechend sowohl eine Vergeistigung der Seele wie des Leibes und damit auch eine gereinigte körperliche Beziehung zwischen

---

14 Es gibt zwar einen zweiten Schöpfungsbericht: ‚Genesis' 1,27, wo von einer gleichzeitigen Erschaffung von Mann und Frau die Rede ist, doch ist er bezeichnenderweise in der Diskussion des Verhältnisses der Geschlechter so gut wie völlig vernachlässigt worden; vgl. Bloch, ebd., S. 22f.

15 Marie-Thérèse d'Alverny, Comment les théologiens et les philosophes voient la femme, in: CCM 20 (1977), S. 105–128, verfolgt die Exegese der einschlägigen Bibelstellen von den Vätern bis ins 12. Jahrhundert. Vgl. auch Klaus Schreiner, Der Sündenfall Adams und Evas in seiner Bedeutung für die soziale, seelische und körperliche Verfaßtheit des Menschen, in: Gepeinigt, begehrt, vergessen. Symbolik und Sozialbezug des Körpers im späten Mittelalter und in der frühen Neuzeit, hg. von Klaus Schreiner und Norbert Schnitzler, München 1992, S. 41–84.

16 Siehe das schöne Kapitel, das Brown, Keuschheit (Anm. 11), S. 137ff., Clemens von Alexandrien widmet, der sich durch seine stoisch-heitere Liberalität von den radikal-asketischen Strömungen seiner Zeit absetzt.

Mann und Frau.[17]

Augustins wichtigste Vermittler sind Petrus Lombardus und, auf ihn sich stützend, Petrus Cantor.[18] Und in dieser eigentümlich gebrochenen Perspektive hält sich denn in der abendländisch-westlichen Kultur weitgehend das Bewußtsein, daß ein Widerspruch besteht zwischen Lust und Heil, zwischen Leidenschaft und Geist, daß Sexualität, wenn nicht etwas Sündiges, so doch zumindest etwas Dubioses ist. Und das hat wohl wesentlich dazu beigetragen, daß sich im Abendland keine oder höchstens ansatzweise eine Körper und Geist umfassende erotische Kultur zu entwickeln vermochte.

Pragmatisch-moralisch erscheint der Zwiespalt in folgender Form: Der sexuelle Akt ist nicht sündhaft, solange er im Rahmen der Ehe ausschließlich der Fortpflanzung dient, er gilt erst dann als verwerflich, wenn die Begierde zum Selbstzweck wird.[19] Mag es auch immer wieder Stimmen gegeben haben, die der ehelichen Liebe das Vergnügen nicht austreiben wollten,[20] so wird jedenfalls einer maßvollen Zurückhaltung das Wort geredet, und selbst Luther macht sich bei aller Bejahung der Sexualität zwischen Ehepartnern noch Sorge, daß eine allzu große Leidenschaft von der Liebe zu Gott ablenken könnte.[21]

Die ethischen Erörterungen zu den christlichen Verhaltensformen im Bereich des Erotischen geraten im Lauf des Mittelalters, konkret: seit Gratian, in juristische Bahnen.[22] Das heißt, es kommt auf der Grundlage

---

17 Michael Müller, Die Lehre des Hl. Augustinus von der Paradiesehe und ihre Auswirkung in der Sexualethik des 12. und 13. Jahrhunderts bis Thomas von Aquin (Studien zur Geschichte der katholischen Moraltheologie 1), Regensburg 1954; Paula Fredriksen, Beyond the body/soul dichotomy. Augustine on Paul against the Manichees and the Pelagians, Recherches augustiniennes 23 (1988), S. 87-114, hier S. 110ff.; Brown, Keuschheit (Anm. 11), S. 395ff.
18 Baldwin, The language (Anm. 10), S. 1-4.
19 Siehe Walter, Unkeuschheit (Anm. 4), S. 83ff.
20 Dazu Rüdiger Schnells eindrucksvolle Dokumentation der Gegentendenzen: Sexualität und Emotionalität in der vormodernen Ehe, Köln/Weimar/Wien 2002, die das Gewicht aber in der Bemühung um Korrektur allzu sehr in die Gegenrichtung verschiebt.
21 Walter, Unkeuschheit (Anm. 4), S. 109.
22 Brundage, Law (Anm. 11), S. 3; Gabriel LeBras, Le mariage dans la théologie et le droit de l'église, in: CCM 11 (1968), S. 191-202; Rudolf Weigand, Die Lehre der Kanonisten des 12. und 13. Jahrhunderts von den Ehezwek-

der Vätertradition zu einem spezifisch kanonistischen erotischen Diskurs, in dem sowohl die Ehezwecke und ihre formalen Bedingungen festgelegt werden wie auch die Differenzierung zwischen kirchlichem und profanem Leben im Bezug auf sexuelles Verhalten rechtlich fixiert wird. Dabei zielt der Diskurs einerseits auf eine kirchliche Kontrolle über die Ehe, und anderseits handelt es sich um eine innerkirchliche Klärung, die mit der Durchsetzung des Zölibats für die Geistlichkeit endet. In beiden Hinsichten bringt das 12. Jahrhundert entscheidende Fortschritte. Es wird nunmehr der Zölibat für den geistlichen Stand festgeschrieben, und zugleich gewinnt die Kirche einen Zugriff auf die weltliche Ehepraxis. Letzteres freilich erst als Anfang einer langen Auseinandersetzung. Es sollte noch Jahrhunderte dauern, bis es gelingt, die Ehe zu einer kirchlichen Institution im juristischen Sinne zu machen. Im übrigen beschränkt sich der kirchliche Zugriff nicht auf die Heiratspraxis, sondern durch die 1215 eingeführte regelmäßige Beichte zielt er überdies auf eine Kontrolle des Sexuallebens, das auch innerhalb der Ehe z.T. harten Restriktionen unterworfen wird, indem man an bestimmten Wochentagen und Kirchenfesten den Geschlechtsverkehr untersagt.[23]

2. Der medizinische Diskurs

Mit der Übersetzung arabischer medizinischer Schriften durch Constantinus Africanus noch im 11. Jahrhundert und der Gründung der salernitanischen Schule mit ihrer Ausstrahlung nach Frankreich und England im 12. Jahrhundert beginnt eine vom kirchlichen Diskurs im Prinzip unabhängige Diskussion der physiologischen Grundlagen der Geschlechtlichkeit, wenn man auch hier wie dort auf dieselben Namen stoßen kann.[24] Die Basis bilden die antiken Lehren von der Geschlech-

---

ken, in: Ders., Liebe und Ehe im Mittelalter, Goldbach 1993, S. 3*–36*, und weitere einschlägige Studien in diesem Sammelband.

23 Baldwin, The language (Anm. 10), S. 7; Günter Jerouschek, *Diabolus habitat in eis* – wo der Teufel zu Hause ist. Geschlechtlichkeit im rechtstheologischen Diskurs des ausgehenden Mittelalters und der frühen Neuzeit, in: Ordnung und Lust. Bilder von Liebe, Ehe und Sexualität in Spätmittelalter und Früher Neuzeit, hg. von Hans-Jürgen Bachorski, Trier 1991, S. 281–305.

24 Claude Thomasset, La représentation de la sexualité et de la génération dans la pensée scientifique médiévale, in: Love and marriage in the twelfth

terdifferenz und die darauf beruhenden Zeugungstheorien.²⁵ Die Sachlage ist außerordentlich komplex. Ich beschränke mich darauf, jene Züge herauszuheben, die für meine Perspektive zentrale Bedeutung haben. Es handelt sich zum einen um die Beurteilung der anatomisch-physiologischen Differenz zwischen Mann und Frau und zum andern um die Ansichten über ihren jeweiligen Anteil am Vorgang der Zeugung. Leitend ist zunächst die auf Galen zurückgehende Vorstellung einer Korrespondenz zwischen den Geschlechtsorganen bei Mann und Frau: der Uterus entspricht dem Scrotum, die Vagina dem Penis, nur daß bei der Frau alles nach innen gewendet ist. Die Frau ist ein invertierter Mann, ja, sie ist gleichsam auf dem Weg zum Mann stehen geblieben, also unvollkommen.²⁶ Doch beide Geschlechter erzeugen Sperma, sind also gleichrangig an der Fortpflanzung beteiligt.²⁷ Im 12. Jahrhundert herrscht diese Zwei-Samen-Theorie vor; maßgebend ist auch hier Petrus Cantor. Dies ändert sich mit der Rezeption der philosophischen und naturwissenschaftlichen Schriften des Aristoteles, der sich gegen harte Widerstände schließlich im 13. Jahrhundert durchsetzt. Nun wird der aristotelischen Physiologie entsprechend die Zwei-

---

century, hg. von Willy van Hoecke und Andries Welkenhuysen (Medievalia Lovaniensia, Series I, Studia VIII), Leuven 1981, S.1-17; Danielle Jacquart und Claude Thomasset, Sexualité et savoir médical au moyen âge (Les chemins de l'histoire), Paris 1985.

25 Grundlegend: Erna Lesky, Die Zeugungs- und Vererbungslehren der Antike und ihr Nachwirken, Akademie der Wissenschaften und der Literatur, Abhandlungen der Geistes- und Sozialwissenschaftlichen Klasse, Mainz 1950, Nr. 19. Ferner – anscheinend ohne Kenntnis der Arbeit Leskys – Prudence Allen, The concept of woman. The Aristotelian revolution 750 BC–AD 1250, Montreal 1985, 2. Aufl. Grand Rapids, MI/Cambridge, U.K.

26 Siehe Thomasset, La représentation (Anm. 24), S. 7. Zur Nachwirkung dieses Konzepts und den z.T. abstrusen Konsequenzen bis ins letzte Jahrhundert vgl. Thomas Laqueur, Making sex. Body and gender from the Greeks to Freud, Cambridge, MA. 1990.

27 Die These geht auf das Hippokratische Schriftenkorpus zurück und wird, durch Galen vermittelt, über die Schule von Salerno weitergegeben; vgl. Thomasset, La représentation (Anm. 24), S. 10ff. Zu den Positionen von Hippokrates und Galen siehe Lesky, Die Zeugungs- und Vererbungslehren (Anm. 25), S. 1305f. bzw. 1401ff.; Allen, The concept (Anm. 25), S. 46ff. bzw. 187ff.

Samen-Lehre verworfen.[28] Es ist allein der Mann, der Sperma erzeugt, während die Frau bei der Empfängnis nur das Stoffliche bereitstellt; der Mann spielt den aktiven, die Frau den passiven Part.[29] Nach der einen wie nach der andern Theorie ist damit die Minderwertigkeit der Frau gegenüber dem Mann physiologisch festgeschrieben – mit Folgen für die Geschlechterbeziehung bis in die jüngste Zeit.

In Verbindung damit, aber auch auf der Basis der Säfte- und Temperamentenlehre entwickelt sich eine Diskussion um eine unterschiedliche sexuelle Veranlagung von Mann und Frau. Dabei stehen sich die These von der stärkeren Triebhaftigkeit des Mannes und die Auffassung von der größeren sexuellen Energie der Frau diametral gegenüber, und es gelingt – trotz einfallsreicher Versuche – kaum, sie ‚wissenschaftlich' überzeugend zu versöhnen.[30] Die konträren Positionen halten sich über die Jahrhunderte hin durch. Sie sollten nicht ohne Einfluß sowohl auf den burlesken literarischen wie den theoretisch-didaktischen Diskurs bleiben. Im übrigen lag es nahe, den kirchlichen und den medizinischen Diskurs insofern zu verschränken, als man die physiologische Minderwertigkeit der Frau mit ihrer durch den Schöpfungs- und Sündenfallmythos propagierten Zweitrangigkeit bzw. moralischen Schwäche zusammensehen konnte.[31]

3. Der feudale Diskurs

Das profan-feudale Verständnis der Ehe steht in harter Opposition zum kirchlichen Diskurs. Die Ehepraxis der adeligen Führungsschicht ist an politisch-ökonomischen Interessen ausgerichtet. Es geht um Machtpolitik durch Eheschließung, um die Verteilung von Gütern durch die

---

28 Zur Aristotelischen Position: Lesky, Die Zeugungs- und Vererbungslehren (Anm. 25), S. 1349ff.; Allen, The concept (Anm. 25), S. 83ff.; zur Nachwirkung im 13. Jahrhundert: ebd., S. 413ff.
29 Zu den Implikationen in Hinblick auf den sexuellen Akt: Jean-Louis Flandrin, Le sexe et l'occident. Évolution des attitudes et des comportements, Paris 1981, S. 127–135. Vgl. zur Kontroverse zwischen den beiden Auffassungen auch Schnell, Sexualität (Anm. 20), S. 71f., mit weiterführender Literatur.
30 Dazu grundlegend: Schnell, ebd., S. 318ff.
31 Bloch, Medieval misogyny (Anm. 13), S. 71.

gezielte Ausgestaltung von Verwandtschaften.[32] Immer wieder wurden schon Kinder ehepolitisch verplant. Ein berühmter Fall: Elisabeth, die Tochter des Königs Andreas II. von Ungarn, wurde im Alter von einem Jahr Ludwig IV. von Thüringen versprochen; mit vier Jahren kam sie an den thüringischen Hof, und als sie vierzehn war, wurde Hochzeit gehalten. Es stand nicht einmal zur Debatte, ob die Ehepartner auch nur äußerlich zusammenpaßten: Welf V. wurde im Alter von siebzehn Jahren mit der reichen Mathilde von Tuszien verheiratet, die vierzig war. Die Männer hielten sich meist ohnehin durch außereheliche Verhältnisse schadlos.[33]

Nur sehr zögernd konnte die Rücksichtslosigkeit, mit der man hierbei über Personen hinwegging, eingeschränkt werden. Die Kirche forderte schon früh das Einverständnis der Partner als Bedingung zur Eheschließung, und es gelingt ihr schließlich, die Konsensehe durchzusetzen.[34] Doch ist in der Praxis der familiäre Druck noch lange sehr groß, so daß das Einverständnis vielfach eine Formfrage bleibt – was nicht

---

32 Claudia Opitz, Frauenalltag im Mittelalter. Biographien des 13. und 14. Jahrhunderts, Weinheim/Basel 1985; Joachim Bumke, Höfische Kultur. Literatur und Gesellschaft im hohen Mittelalter, Bd.1–2, München 1986, hier: Bd. 2, S. 534–540; Georges Duby, Mâle moyen âge. De l'amour et autres essais, Flammarion-Ausgabe 1990, S. 16ff.

33 Siehe ebd., S. 18f. Ein eindrucksvolles Beispiel, ebd., S. 48f.: Am Grab Graf Baldwins II. von Guînes weinten zusammen mit seinen legitimen Kindern auch dreiunddreißig uneheliche Sprößlinge, wobei der Chronist, Lambert von Ardres, freilich versichert, daß Baldwin die letzteren vor der Ehe oder nach dem Tod seiner Frau gezeugt habe. Anderweitig bemüht man sich nicht um solche Beschönigungen. Vgl. Schröter, „Wo zwei zusammenkommen ..." (Anm. 4), S. 159ff.

34 Das ‚Decretum Gratiani' zitiert eine entsprechende Forderung schon von Papst Nikolaus I. aus dem 9. Jahrhundert; siehe Rudolf Weigand, Liebe und Ehe bei den Dekretisten des 12. Jahrhunderts, in: Love (Anm. 24), S. 40–58, hier S. 43; wieder in: Ders., Liebe (Anm. 22), S. 59*–76*, hier S. 61*; Ders., Zwischenmenschliche Aspekte des Ehelebens in normativen kirchlichen Texten und im Alltagsleben des Spätmittelalters, in: Text und Geschlecht. Mann und Frau in Eheschriften der frühen Neuzeit, hg. von Rüdiger Schnell, Frankfurt a. M. 1997, S. 47–78, hier S. 53. Es war Papst Alexander III., der den Konsens für obligatorisch erklärte; siehe Charles Donahue, The policy of Alexander III's consent theory of marriage, in: Proceedings of the 4th International Congress of Medieval Canon Law, Vatican 1976, S. 251–281; Bloch, Medieval misogyny (Anm. 13), S. 184ff.

ausschließt, daß man sich in Einzelfällen darauf berufen hat und den Zwang zu durchbrechen wagte.[35] Jedenfalls aber ist mit der Konsensforderung ein bedeutender Schritt zum Ziel der Kanonisten hin getan, die Eheschließung unter kirchliche Kontrolle zu bringen. Denn mit dieser Forderung bietet sich die Kirche als die Instanz an, vor der das Einverständnis der Partner zu formulieren ist und an die man sich auch in Streitfällen wenden kann. Frauen erhalten dadurch die Möglichkeit, sich gegen erzwungene Verlöbnisse zur Wehr zu setzen, und es eröffnet sich ein Spielraum für Heiraten aus persönlicher Neigung.[36]

Mit der erstrebten Kontrolle über die Ehe verbindet die Kirche zudem den Anspruch, über eine eventuelle Scheidung zu befinden. Bekanntlich haben sich gerade daran Machtkonflikte entzündet. Das Paradebeispiel: die Auseinandersetzung zwischen Philipp August II., der seine ungeliebte Ingeborg loswerden wollte, und Innozenz III., der durch ein Interdikt die Kirchen in Nordfrankreich schließen läßt und den König damit in die Knie zwingt.[37] Anders dann rund 300 Jahre später Heinrich VIII. von England, der seine Ehescheidung durchsetzt.

Das Gegeneinander und Miteinander des kirchlich-kanonistischen und des profan-feudalen Diskurses stellt sich im historischen Feld also als spannungsgeladen, ja immer wieder äußerst brisant dar. Im einzelnen sind die Verhältnisse sehr komplex, wobei auch regionale Unterschiede in Rechnung zu stellen sind.[38] Immer wieder steht Widersprüchliches nebeneinander, manches erscheint zwiespältig: Die kirchlichen Disziplinarerlasse sind an sich repressiv, zugleich aber erscheinen sie insofern fortschrittlich, als sie die politische Verfügbarkeit über die Frau zu unterbinden suchen und einen Freiraum für eine personale Beziehung eröffnen.

---

35 Einige spektakuläre Fälle bespricht John Gillingham, Love, marriage, and politics in the twelfth century, in: Forum for Modern Language Studies 25 (1989), S. 292–303.

36 Belege für entsprechende Prozesse vom 13. Jahrhundert an bei Weigand, Zwischenmenschliche Aspekte (Anm. 34), S. 54ff. Sie häufen sich im 15. Jahrhundert.

37 Baldwin, The language (Anm. 10), S. XIII.

38 Analysen konkreter Fälle bieten ein sehr facettenreiches Bild, wobei sich jedoch im Prinzip die oben skizzierte Entwicklung in Richtung auf eine kirchliche Kontrolle über die Eheschließung bestätigt; siehe Schröter, „Wo zwei zusammenkommen..." (Anm. 4), zur Generallinie insbes. S. 279ff.

4. Der philosophisch-theologische Diskurs

Dem patristisch-kanonistischen und dem feudal-weltlichen Diskurs über Sexualität und Ehe, die sich antagonistisch direkt aufeinander beziehen und über Kompromisse eine Verständigung suchen, steht auf ganz anderer Ebene der philosophisch-theologische Umgang mit dem Phänomen des Erotischen gegenüber. Die Grundlage bildete das platonisch-neuplatonische Eros-Konzept, das, christlich umformuliert, in unterschiedlichen Formen und in mehreren Schüben den mittelalterlichen Westen erreicht hat und auf diese Weise immer wieder neu belebt worden ist.[39]

Nach Platon fungiert die Liebe als die Kraft, die den philosophischen Prozeß antreibt; sie versteht sich als Sehnsucht nach den Ideen, nach dem Wahren, Guten und Schönen. Dabei führt die Bewegung von der Betrachtung der körperlichen Schönheit, die als Abglanz ihrer Idee erscheint, über die Schönheit des Intelligiblen zur Schönheit an sich. Im ‚Phaidros' heißt es, daß die Flügel der Seele im Angesicht des Schönen zu wachsen beginnen, so daß man sich über das Sinnliche zu erheben vermöge (246de; 251ab). Und dieses Bild sollte langzeitlich seine Wirkung tun: Es taucht immer wieder auf, wenn es darum geht, zu beschreiben, wie das Sinnlich-Schöne den Eros weckt, der den Menschen aber gerade über das Sinnliche hinwegträgt, indem er ihn antreibt, nicht am Gegenständlich-Körperlichen hängen zu bleiben, sondern zum höchsten Gut, zum Göttlichen, emporzustreben.[40] Die Liebe und das höchste Gut sind aufeinander bezogen. Der Weg des Eros ist der Weg der geistigen Vervollkommnung.

Die Neuplatoniker Plotin und Proklos – um nur die prominentesten zu nennen – haben aus dieser Aufstiegsidee ein universales kosmologisch-ontologisches Konzept entwickelt.[41] Es beruht auf der Vorstellung einer Seinshierarchie, an deren Spitze als erstes Prinzip das Ἕν steht. Dieses Eine jenseits aller Differenzierungen ist aber als solches deren Grund, denn es fließt aus in das Viele, und dieses Viele strebt in der Gegenbewegung dann wieder zu seinem Ursprung zurück. Und der Eros wird dabei als die Kraft gefaßt, die sowohl dieses Ausfließen, die Emanation, als auch die Rückwendung trägt. Der philosophische Den-

---

39 Materialien: Chydenius, The symbolism (Anm. 1).
40 Augustinus, De Musica VI,1; Boethius, Consolatio philosophiae, metrum 1.
41 Grundlegend: Werner Beierwaltes, Denken des Einen – Studien zur neuplatonischen Philosophie und ihrer Wirkungsgeschichte, Frankfurt a. M. 1985, insbes. S. 123ff. und 155ff.

ker schreibt sich gewissermaßen in die Aufstiegsbewegung durch die Seinssphären ein. Er gelangt jedoch an einen kritischen Punkt, denn der Übertritt aus der Bestimmtheit und Bedingtheit des Seienden ins absolute Sein kann nur als ekstatischer Sprung, als mystischer Akt der erotischen Unio, gedacht und erfahren werden.

Das neuplatonische Eros-Konzept der kosmischen Ascensus-Bewegung hat nachhaltig schon auf die frühchristliche Theologie eingewirkt. Denn als die Kirchenväter es unternahmen, die im Evangelium vermittelte Wahrheit philosophisch-theologisch darzustellen, haben sie sich, bald mehr konzeptuell und bald mehr in Einzelvorstellungen, an dieses Denkmodell angelehnt. Dabei war man sich durchaus der Gefahr bewußt, die eine solche Umformulierung der evangelischen Botschaft in griechische Philosophie mit sich bringen mußte. Wie ließ sich der Gedanke vom eigenmächtigen platonischen Aufstieg zum Göttlichen mit der sich herabneigenden Liebe Gottes, der Agape der Evangelien, vereinbaren? Man versuchte Synthesen, wobei jedoch der Widerstand gegen die Platonisierung des christlichen Heilsgeschehens nicht ausgeblieben ist.[42] Einer der größten altchristlichen Platoniker, Origenes, wurde denn auch als Häretiker verurteilt, was nicht heißt, daß er nicht untergründig weitergewirkt hätte.[43] Noch am Ende der Antike entwirft Boethius, kaum angefochten, auf der Grundlage von Platons ‚Timaios‘ mit seiner ‚Consolatio philosophiae‘ ein kosmisch-erotisches Konzept

---

42   Zum grundsätzlichen Problem der Platonisierung der christlichen Liebesidee siehe (mit kontroverstheologischem Akzent) Anders Nygren, Eros und Agape. Gestaltwandlungen der christlichen Liebe, Gütersloh '1954; Kritisch dazu: Helmut Kuhn, Eros – Philia – Agape, in: Philosophische Rundschau 2 (1954/55), S. 140–160; Martin C. d'Arcy, The mind and heart of love. Lion and unicorn, a study in Eros and Agape, New York 1959, ch. 2; Hans Urs von Balthasar, Herrlichkeit – eine theologische Ästhetik I–III, Einsiedeln 1961–1969, hier III/1, S. 187ff. Vgl. hingegen die umfassende und unpolemische Darstellung von Endre von Ivánka, Plato christianus. Übernahme und Umgestaltung des Platonismus durch die Väter, Einsiedeln 1964. – Mit Gewinn zu konsultieren sind im übrigen die Sammelwerke: Der Mittelplatonismus, hg. von Clemens Zintzen (WdF 70), Darmstadt 1981, hier: die Beiträge des Abschnitts III: Platonismus und frühes Christentum, S. 319–448, und: Neoplatonism and Christian thought, hg. von Dominic J. O'Meara, Norfolk, VA 1982.

43   Hans Urs von Balthasar, Origenes. Geist und Feuer, Salzburg 1938, S. 12, bemerkt, daß es in der Kirche keinen Denker gegeben habe, „der so unsichtbar-allgegenwärtig geblieben wäre wie Origenes".

und ein Aufstiegsmodell, das die christliche Heilsgeschichte so gut wie völlig ausblendet. Die kommentierende Rezeption hat dann vermittelnd retuschiert.⁴⁴ Der Schlußvers der ‚Divina commedia' hat diese neuplatonische Idee schließlich prägnant nochmals auf den Punkt gebracht: *L'Amor che muove il sole e l'altre stelle.*⁴⁵

Am Ende des 5. Jahrhunderts war es jedoch im Osten zu einer ebenso programmatischen wie folgenschweren neuen Verchristlichung des neuplatonischen Konzepts gekommen, und zwar durch einen Theologen, der unter dem Namen Dionysius Areopagita geschrieben hat. Das Pseudonym besagt, daß der Autor sich als jener Athener ausgab, den Paulus bei seiner berühmten Areopagrede zu bekehren vermochte. In Wirklichkeit hat dieser Pseudo-Dionysius aber nachweisbar Proklos benützt, der 485 gestorben ist.⁴⁶ Trotz gewissen frühen Zweifeln galt er aber bis zur Renaissance und teilweise noch bis ins 19. Jahrhundert als Apostelschüler und genoß folglich höchste Autorität. Die größten Theologen des Mittelalters haben Kommentare zu seinen Schriften verfaßt: Hugo von St. Viktor, Albertus Magnus, Thomas von Aquin, Bonaventura.⁴⁷

Dionysius Areopagita hat in der Weise eine konsequente christliche Adaptation des neuplatonischen Konzepts erreicht, daß er das erste Prinzip der Neuplatoniker, das Eine, mit dem Schöpfergott identifizierte und die Emanation des Vielen aus dem Einen zum Schöpfungsakt umdeutete. Der Sprung an der höchsten Stelle des Aufstiegs aber, die Ekstasis, die die Unio ermöglicht, wurde zum Gnadenakt, in dem Gott dem Menschen mit seiner Liebe entgegenkommt. Dabei hat Dionysius – und das war der wohl kühnste Zug – den griechischen Eros explizit mit der christlichen Agape gleichgesetzt.⁴⁸ Das Christentum gewann damit

---

44 Siehe Frühe deutsche Literatur und lateinische Literatur in Deutschland 800–1150, hg. von Walter Haug und Benedikt Konrad Vollmann (Bibliothek des Mittelalters I), Frankfurt a. M. 1991, S. 1232f. mit Hinweisen auf die umdeutende Kommentartradition.

45 Vgl. dazu Peter Dronke, *L'amor che muove il sole e l'altre stelle*, in: Studi medievali 3 ser. 6.1 (1965), S. 389–442.

46 Zur Person siehe Kurt Ruh, Geschichte der abendländischen Mystik, Bd. I: Die Grundlegung durch die Kirchenväter und die Mönchstheologie des 12. Jahrhunderts, München 1990, S. 32ff.

47 Zur Wirkung ebd., S. 71ff.

48 Siehe dazu Walter Haug, Wendepunkte in der Geschichte der Mystik, in: Mittelalter und frühe Neuzeit. Übergänge, Umbrüche und Neueinsätze, hg. von Walter Haug (Fortuna vitrea 16), Tübingen 1999, S. 361ff. – Schon

ein Denkmodell, das es dem Gläubigen erlaubte, stufenweise über die Hierarchie des Seienden emporzusteigen, um es schließlich durch ein gnadenhaftes Entgegenkommen Gottes zu überschreiten.

Diesem Aufstiegsmodell war ein unerhörter Erfolg beschieden. Das Dionysische Corpus – vier Abhandlungen und eine Reihe von Briefen – kam schon im 9. Jahrhundert nach dem Westen, um dann im 12. Jahrhundert in der neuen Mystik seine große Wirkung zu entfalten. Dabei hat man das Modell in vielfältiger Weise abgewandelt, insbesondere dadurch, daß man den kosmischen Weg anthropologisiert, psychologisiert, also den äußeren Weg dezidiert zu einem inneren gemacht hat.

Ich nenne beispielhaft den Traktat ‚De diligendo Deo' Bernhards von Clairvaux, der einen Aufstiegsprozeß entwirft, den er als Liebesweg faßt – als Weg von der Eigenliebe über die Nächstenliebe zur Gottesliebe und schließlich zum mystischen Einssein;[49] oder Richards von St. Victor ‚Beniamin maior', in dem ein Erkenntnisweg in sechs Stufen vorgezeichnet wird, über die man, bei der rationalen Durchdringung der Welt beginnend, schließlich die Vernunft in der Schau Gottes übersteigt;[50] oder aus dem 13. Jahrhundert Bonaventuras ‚Itinerarium mentis in Deum', das einen hochkomplexen Aufstiegsprozeß über ebenfalls sechs Stufen bietet, um auf der siebenten zum Einssein mit Gott zu führen.[51]

Es ließe sich eine Vielzahl weiterer Belege beibringen, um die Persistenz des Aufstiegsmodells im Mittelalter und noch in der frühen Neuzeit zu dokumentieren – es sei nur noch aus dem 16. Jahrhundert an den ‚Aufstieg auf den Berg Karmel' Juans de la Cruz erinnert[52] –, wobei es im Spiel zwischen Weltbetrachtung und Verinnerlichung, zwischen Ontologie und Psychologie zu immer wieder neuen Abwandlungen kommt. Entscheidend dabei ist, daß an der Idee des Ascensus aus eige-

---

Origenes hatte übrigens Eros und Agape identifiziert: Chydenius, The symbolism (Anm. 1), S. 14.

49 Vgl. Ruh, Geschichte (Anm. 46), S. 229ff.; die einschlägige Literatur: ebd., S. 382f.

50 Ebd., S. 401; Literatur: ebd., S. 382f.

51 Beierwaltes, Denken (Anm. 41), S. 385ff.; Walter Haug, *Christus tenens medium in omnibus*. Das Problem der menschlichen Eigenmächtigkeit im neuplatonischen Aufstiegskonzept und die Lösung Bonaventuras im ‚Itinerarium mentis in Deum', in: Homo Medietas. Aufsätze zu Religiosität, Literatur und Mentalität des Menschen vom Mittelalter bis in die Neuzeit. FS Alois Maria Haas, Bern/Berlin usw. 1999, S. 79–96.

52 Haug, Wendepunkte (Anm. 48), S. 374f.

ner, natürlicher Kraft im Sinne des platonischen Eros festgehalten wird, während man dem Ganz-Andern des Göttlichen insofern Rechnung trägt, als der letzte Schritt stets unverfügbar bleibt: Am höchsten Punkt des Aufstiegs kann allein die entgegenkommende Liebe Gottes die Unio gewährleisten.

Man darf jedoch nicht übersehen, daß dieses Modell ein Problem in sich trug, das es zugleich zu bewältigen suchte.[53] Es liegt ihm ein elementarer Widerspruch zugrunde, denn auf der einen Seite hatte ein theologischer Denker davon auszugehen, daß Gott als Schöpfer sich in gewisser Weise in der Welt manifestiert, auf der andern erlaubte es sich nicht, ihn in einem pantheistischen Sinne in der Schöpfung gegenwärtig zu denken, da er jenseits von ihr der transzendente Gott bleiben mußte. So erscheint die Welt als göttliche Schöpfung einerseits geheiligt, denn alles, was ist, ist Ausfluß der göttlichen Liebe und damit Theophanie. Anderseits wird der Aufstieg über die Welt der Erscheinungen hinweg gefordert, wird das Weltliche also zum Hemmnis, wird die irdisch-körperliche Lust diffamiert. Bernardus Silvestris kann sein Hauptwerk ‚De universitate mundi', um 1150, in einem Preis der Geschlechtsorgane gipfeln lassen. Sein Zeitgenosse Alanus von Lille hingegen beschreibt in seinem ‚Anticlaudianus' die Verderbtheit der menschlichen Natur, der gegenüber keine andere Möglichkeit bleibt, als eine Gesandtschaft zum Himmel zu schicken, die erreichen soll und erreicht, daß ein neuer, vollkommener Mensch geschaffen wird. Das Gegenüber dieser beiden Werke vermag die genannte Spannung vorzüglich zur Anschauung zu bringen.

Das Laterankonzil von 1215 hat den Widerspruch schließlich auf die klassische Formel von der unähnlichen Ähnlichkeit gebracht. Sie besagt: Das Verhältnis des Endlichen zum Ewigen besteht in einer Ähnlichkeit, der gegenüber die Unähnlichkeit immer größer ist.[54] Auf das Ascensus-Modell bezogen heißt das: Insofern die geschaffene Welt zumindest eine göttliche Spur aufweist, sieht man sich berechtigt, ja aufgerufen, sich ihr als Weg zu Gott anzuvertrauen. Insofern Gott aber jenseits von ihr zu denken ist, kann die eigene Kraft nicht genügen, ihn zu erreichen, so daß man sich also auf seine Gnade angewiesen sieht. Das Ascensus-Modell in seinen verschiedenen Varianten vermochte dieses Paradox

---

53 Zum Folgenden ebd., S. 357ff.
54 *Inter Creatorem et creaturam non tanta similitudo notari, quin inter eos maior dissimilitudo notanda*: Enchiridion Symbolorum, Definitionum et Declarationum de rebus fidei et morum, hg. von Henricus Denzinger, Adolfus Schönmetzer, Freiburg i. Br. [30]1955, S. 432.

zwar nicht aufzulösen, aber doch zu entschärfen, denn es gestattete den Weg nach oben aus eigener Kraft, ohne aber, da es ja den letzten Schritt der göttlichen Gnade vorbehielt, die je größere Differenz preiszugeben.

Doch der Stachel, der in der paradoxen Formel der unähnlichen Ähnlichkeit steckt, mußte jede Lösung fragwürdig machen, und das war wohl mit ein Grund dafür, daß es zu immer neuen Entwürfen gekommen ist. Denn letztlich konnte man der kritischen Frage nicht ausweichen: Was kann das ganze Bemühen des Aufstiegs taugen, wenn es am Ende doch allein auf die Gnade Gottes ankam, die ja nicht von vorgängigen Leistungen abhängig zu machen war? Diese Frage hat schließlich in der Mystik Meister Eckharts zu einer radikalen Konsequenz geführt: Eckhart lehnt dezidiert alles Denken in Wegen irgendwelcher Art, alle eigene Leistung, alles Emporsteigen zu Gott aus eigener Kraft ab, um an die Stelle des platonischen Ascensus die Vorstellung vom Durchbruch in den Grund der Seele zu setzen, in einen tiefsten Grund, in dem ihr Sein mit dem Sein Gottes eins ist.[55] Und von ihm aus wird, trotz der offiziellen Verurteilung seines ontologischen Ansatzes, der harte Widerspruch zwischen Verdienst und Gnade weitergegeben, insbesondere über Tauler, von dem aus er schließlich Luther erreicht.[56]

Das Konzept dieser platonistisch-christlichen Eros-Philosophie mit seiner inneren Problematik scheint mit dem kirchlich-kanonistischen Sexual- und Ehediskurs kaum etwas zu tun zu haben. Und doch gibt es Berührungspunkte. Denn der philosophisch-theologische Diskurs ist in seiner Ausrichtung auf den göttlichen Zielpunkt dem Körperlichen gegenüber, wenn nicht direkt feindlich eingestellt, so doch darauf ausgerichtet, diese Sphäre zurückzulassen. Es werden – nach alter, bis zu Platons ‚Symposion' zurückreichender Tradition – zwei Veneres unterschieden, eine irdische und eine himmlische Liebe; jene zieht den Menschen herab, verstrickt ihn sexuell ins Irdisch-Sinnliche; diese zieht ihn empor und trägt ihn über alles körperlich Bedingte hinaus.[57] Diese Dichotomie, die die Liebe geistig-sinnlich aufspaltet, treibt die Eros-Philosophen über die Jahrhunderte hin um und wirkt auch in die Kün-

---

55 Kurt Ruh, Meister Eckhart. Theologe, Prediger, Mystiker, München '1989, 9. Kap., S. 136ff.

56 Vgl. Walter Haug, Johannes Taulers Via negationis, in: Haug, Brechungen (Anm. 3), S. 592–605, hier S. 604f.; und Haug, Wendepunkte (Anm. 48), S. 377.

57 George D. Economou, The two Venuses and courtly love, in: In pursuit of perfection. Courtly love in Medieval literature, hg. von Joan M. Ferrante und George D. Economou, Port Washington/London 1975, S. 17–50.

ste hinein – es sei nur an Tizians berühmtes, vieldiskutiertes Bild in der Villa Borghese erinnert.[58]

So versteht es sich, daß der philosophische Eros-Diskurs über die moralische Scheidung zweier Formen von Liebe den Anschluß an die kirchliche Sexuallehre finden konnte. Und doch ist der philosophische Diskurs nicht einfach mit dem kirchlichen Diskurs zu verrechnen, denn er besaß, wie aufgezeigt, eine spezifische Problematik, die seine ihm eigene, den moraltheologischen Aspekt weit zurücklassende Wirkungsgeschichte anstieß.

Während die Tradition des dionysischen Modells in seinen vielfachen Abwandlungen sich im Prinzip bis in die Neuzeit hinein durchhält und dabei – bis auf den Grenzfall Eckhart – dem platonistischen Aufstiegsgedanken und der entsprechenden Leib-Geist-Dichotomie verpflichtet bleibt, kommt es jedoch schon im 12. Jahrhundert im philosophisch-theologischen Eros-Diskurs zu einem umwälzenden Gegenentwurf, und zwar auf der Grundlage einer neuen ‚Hohelied'-Interpretation.[59]

Das ‚Hohelied' schildert das Wechselspiel von Begegnung und Trennung zweier Liebenden. In der frühmittelalterlichen Bibelexegese wurde dies auf das Verhältnis Christi zur Kirche bezogen. Die Mystik des 12. Jahrhunderts hat es hingegen allegoretisch als Liebesbeziehung zwischen Gott oder Christus und der menschlichen Seele neu gefaßt und damit eine Bildlichkeit für die Gotteserfahrung geschaffen, die diese in eine grundlegend veränderte Perspektive rückte. Eine Gotteserfahrung als aufsteigende Bewegung ist auf dieser Basis nicht mehr denkbar, vielmehr vollzieht sie sich nun als ein Hin und Her zwischen Vereinigung und Verlust, zwischen Glück und Qual, wobei die Partner, auch wenn Gott oder Christus der Überlegene bleibt, sich auf gleicher Ebene begegnen. Die kosmische Sicht ist damit durch ein dezidiert innerseelisches Geschehen abgelöst. An die Stelle der Unerreichbarkeit Gottes im Fluchtpunkt des Aufstiegs, die nur durch seine entgegenkommende Liebe überwunden werden kann, tritt das Gegenüber des liebenden und

---

58 Zur Beziehung des Bildes zur platonisierenden Liebestheorie Ficinos siehe Werner Beierwaltes, Marsilio Ficinos Theorie des Schönen im Kontext des Platonismus, Heidelberg 1980, S. 52.

59 Ausführlicher zum folgenden: Haug, Wendepunkte (Anm. 48), S. 366ff., und: Ders., Gotteserfahrung und Du-Begegnung. Korrespondenzen in der Geschichte der Mystik und der Liebeslyrik, in: Geistliches in weltlicher und Weltliches in geistlicher Literatur des Mittelalters, hg. von Christoph Huber, Burghart Wachinger und Hans-Joachim Ziegeler, Tübingen 2000, S. 195–212, hier S. 200ff.

geliebten Du in seiner personalen Transzendenz, und dieses Gegenüber ist folglich gekennzeichnet durch eine Dialektik von beseligend augenblickhafter Verschmelzung und trostloser Verlorenheit. Dabei gewinnt die Welt der Erscheinungen eine neue Qualität, die sinnliche Liebe wird zur Metapher für einen psychisch-geistigen Prozeß. Das Körperliche wird als Darstellungsmedium genutzt, die Sinnlichkeit wird nicht mehr überstiegen, sondern in den Erfahrungsprozeß einbezogen.

Nachdem Wilhelm von St. Thierry im 12. Jahrhundert als erster dieses beglückend-verzweiflungsvolle Spiel zwischen der Brautseele und dem Christusbräutigam ausgefaltet hat,[60] erreicht die personale Liebesmystik dann im 13. Jahrhundert mit Mechthilds von Magdeburg ‚Fließendem Licht der Gottheit' ihren Höhepunkt. Dabei wird von ihr neben dem in unmittelbar sinnlicher Anschauung gebotenen Liebesakt zwischen der Seele und Christus nicht nur auch der Verlust der Liebe thematisiert, sondern Mechthild entwirft – geradezu antidionysisch – diesen Verlust als Abstieg, als programmatischen Gegenweg in die Gottferne. Dieser Abstieg kann sich als Passion darstellen und damit in eine Imitatio Christi münden. Die spätere Frauenmystik wird, z.T. exzessiv, in dieser Richtung weitergehen.

Was durch die skizzierte personale Wende des philosophisch-theologischen Diskurses im 12. Jahrhundert ermöglicht wird, ist also eine radikale Subjektivierung der religiösen Erfahrung, und dies sollte unabsehbare Folgen haben für das Verhältnis zwischen der Kirche und dem einzelnen Gläubigen. Zu einer analogen Wende wird es übrigens, wie im zweiten Teil zu zeigen sein wird, auch im höfisch-literarischen Eros-Diskurs kommen.

5. Der höfisch-literarische Diskurs

Viele der großen Platoniker – Platon selbst an der Spitze – haben sich bei der Vermittlung ihrer Philosophie poetischer Formen bedient, indem sie ihre Konzepte narrativ eingekleidet haben. Boethius inszeniert seine ‚Consolatio philosophiae' als Dialog zwischen dem Erzähler-Ich und der personifizierten Philosophie. Alanus stellt im ‚Anticlaudianus' einen Aufstieg durch die Seinssphären zu Gott in Form einer allegorischen Narratio dar. *Integumentum* ist der Terminus technicus für dieses

---

60 Kurt Ruh, *Amor deficiens* und *amor desiderii* in der Hoheliedauslegung Wilhelms von St. Thierry, in: Ons Geestelijk Erf 64 (1990), S. 70–88, und Ders., Geschichte (Anm. 46), S. 294ff.

Prinzip der Einkleidung philosophischer Lehre in eine Erzählhandlung.[61] Trotz solcher literarischer Umsetzungen ist aber der höfisch-literarische Liebesdiskurs nicht nur vom kirchlichen und vom feudalen, sondern gerade auch vom philosophischen Diskurs entschieden abzuheben. Dies allein schon deshalb, weil die neue erotische Literatur des 12. Jahrhunderts, um die es dabei in erster Linie geht, die Geschlechterliebe zum zentralen Thema macht. Dies zum einen in der Liebeslyrik der Trobadors und der Minnesänger, die die erotische Problematik der Du-Beziehung als eine Art gesellschaftliches Denkspiel aufführen, und zum andern im Liebesroman, der die Thematik experimentell-narrativ ausfaltet.

Beide Formen, die Liebeslyrik wie der Roman, sind epochale Neuerungen dieses großen Umbruchsjahrhunderts. Es gibt in der Antike kaum etwas Vergleichbares.[62] Gewiß, man hat sich mit aller Gelehrsamkeit bemüht, literarhistorische Wurzeln in der vorgängigen lateinischen und volkssprachlichen Tradition aufzudecken, denn selbstverständlich entsteht nichts Neues, ohne daß es nicht wenigstens Vorbereitungen gäbe. So ist denn etwa der Einfluß Ovids auf die Lyrik wie auf den Roman des 12. Jahrhunderts nicht zu übersehen.[63] Ebensowenig ist zu bezweifeln, daß der provenzalische Minnesang Anstöße aus dem arabischen Spanien empfangen hat. Aber alle Vorläufer, Quellen oder mo-

---

61 Walter Haug, Literaturtheorie im deutschen Mittelalter von den Anfängen bis zum Ende des 13. Jahrhunderts, Darmstadt ²1992, S. 230ff.

62 Man könnte die römische Lyrik oder den hellenistischen Roman dagegenhalten. Doch jene erreicht, auch wenn das hohe Niveau etwa der Liebesgedichte Catulls nicht bestritten werden soll – vgl. Ernst A. Schmidt, Catull, Heidelberg 1985, insbes. S. 110–120 –, nicht die Reflektiertheit der mittelalterlichen Lyrik in ihren herausragenden Vertretern. Und was den hellenistischen Roman anbelangt, so wird die Liebe darin nicht problematisiert; sie bildet nur die Konstante in den Wirrnissen und Zufälligkeiten, denen die Liebenden sich ausgesetzt sehen.

63 Generell: Franco Munari, Ovid im Mittelalter, Zürich/Stuttgart 1960. Ferner: Karl Stackmann, Ovid im deutschen Mittelalter, in: Karl Stackmann, Mittelalterliche Texte als Aufgabe: Kleine Schriften I, hg. von Jens Haustein, Göttingen 1977, S. 26–50. Siehe auch Alfred Karnein, Frauenliebe im wissenschaftlichen Diskurs des Mittelalters. Die Reaktion der Intellektuellen auf die Liebesliteratur der Höfe, in: Liebe in der deutschen Literatur des Mittelalters. St. Andrews-Colloquium 1985, hg. von Jeffrey Ashcroft, Dietrich Huschenbett und William Henry Jackson, Tübingen 1987, S. 14–26; speziell zur französischen Ovid-Rezeption: S. 18f.

tivlichen Anregungen erklären das Phänomen dieses literarischen Aufbruchs nicht. Denn die innovative Wende ist im Prinzip radikal, so daß man sagen darf, es beginne hier wirklich einmal etwas kulturgeschichtlich völlig Neues. Konkret: es handelt sich um die Geburtsstunde der modernen Liebesidee, der Idee der Erfüllung des Lebens in einer personal verstandenen erotischen Beziehung zwischen Mann und Frau.

Und diese Innovation erscheint um so erstaunlicher, je mehr man sich die Positionen der beiden die Praxis beherrschenden erotischen Diskurse, des kirchlichen und des feudalen Diskurses, vergegenwärtigt. Auch der gewisse Spielraum, den der kirchliche Diskurs über die Konsensforderung für eine Liebesehe zu öffnen vermag, wird vom literarischen Konzept weit zurückgelassen.[64] Die neue Lyrik, die die Frau zur unerreichbar idealen Partnerin stilisiert, ja sie ins Göttliche verklärt, der arthurische Roman, der die Utopie einer Balance von Liebe, Ehe und Gesellschaft zur Debatte stellt, und schließlich der Tristanroman, der die ehebrecherische Liebe zum Thema macht, ja sie in gewisser Weise verherrlicht: all dies widerspricht dermaßen allem, was Sexualität und Ehe im 12. Jahrhundert faktisch waren und wie sie in den kirchlichen und feudalen Diskursen verstanden wurden, daß man vor einem kulturhistorischen Rätsel steht. Dabei wird diese lyrische oder narrative Diskussion des Erotischen in hohem Maße von Klerikern oder jedenfalls klerikal gebildeten Literaten getragen. Es handelt sich also nicht um eine Literatur, die in einem von der Kirche getrennten, höfischen Raum existiert hätte, vielmehr beteiligte sich die geistliche wie die weltliche Führungsschicht an der Diskussion. Man hat offenbar der Literatur einen Freiraum zugestanden, der es ihr erlaubte, sowohl von der adeligen Ehepraxis wie von der kirchlichen Moral abzusehen. Nicht daß es an kritischen Stellungnahmen von klerikaler Seite gefehlt hätte, aber der Druck war erstaunlich gering und die Wirkung blieb begrenzt.[65] Aber

---

64 Das gilt auch für Ansätze im kirchlichen Diskurs, das Konzept der *amicitia* auf die eheliche Partnerschaft zu übertragen – dazu: Schnell, Sexualität (Anm. 20), S. 164ff.

65 Fritz Peter Knapp ist der Frage nach dem Verhältnis der Kirche zur neuen volkssprachlichen Literatur in seiner Studie: Chevalier errant und fin'amor. Das Ritterideal des 13. Jahrhunderts in Nordfrankreich und im deutschsprachigen Südosten (Schriften der Universität Passau, Reihe Geisteswissenschaften 8), Passau 1986, nachgegangen. Er unterstellt eine starke kirchliche Opposition gegenüber der höfischen Dichtung, und er hat dies weiter zugespitzt in: Die gefesselte Muse. Kirchliche Einflußnahme auf die weltliche Literatur des 13. Jahrhunderts, in: Kontroversen, alte und neue. Akten

die Lizenz galt eben nur im Rahmen und unter den Bedingungen dieses spezifischen Diskurses. So hat man denn überpointiert, aber nicht ganz zu Unrecht gesagt, Liebe habe es im Mittelalter nur als Literatur gegeben.⁶⁶ Aber das kann nicht heißen, daß diese Literatur nicht doch eine

des VII. Internationalen Germanisten-Kongresses Göttingen 1985, Tübingen 1986, Bd. 8, S. 12–15. Dem ist entgegenzuhalten, daß die geistliche Kritik sich in traditioneller Manier gegen die weltliche Dichtung im allgemeinen richtet. Kein einziger volkssprachlicher Dichter wird namentlich angegriffen. Ja, es ist im Gegenteil sogar möglich, daß von geistlicher Seite Romanfiguren für die Jugend als Vorbilder hingestellt werden; dies von Thomasin von Zerclaere; vgl. dazu Haug, Literaturtheorie (Anm. 61), S. 232ff. Sie werden also einbezogen in die Exemplaliteratur, die im übrigen ihrer eignen Gattungstradition folgt und nicht aus einer Opposition zur höfischen Literatur erklärt werden kann. Vgl. dazu Walter Haug, Das Böse und die Moral. Erzählen unter dem Aspekt einer narrativen Ethik, in: Interdisziplinäre Ethik. Grundlagen, Methoden, Bereiche, FS Dietmar Mieth, Freiburg/Schweiz u.a. 2001, S. 243–268. Knapps stärkstes Argument jedoch ist die geistliche Überformung des arthurischen Romans im ‚Lancelot en prose'. Und es läßt sich die heilsgeschichtliche Version der Gralserzählung durch Robert de Boron dazustellen. Hier wird man eine klerikale Vereinnahmung weltlicher Stoffe nicht leugnen wollen. Aber man wird dies nicht nur als kritischen Gegenzug verstehen dürfen, sondern wohl in höherem Maße als einen Versuch, sich den großen Erfolg eines weltlichen Typus kirchlich zunutze zu machen. – Zur klerikalen Haltung gegenüber profaner Lieddichtung siehe Dietrich Schmidtke, Mittelalterliche Liebeslyrik in der Kritik mittelalterlicher Moraltheologen, in: ZfdPh 95 (1976), S. 321–345. Schmidtke stellt fest, daß diese Kritik sich zum einen ganz in der Bahn der traditionellen Polemik der Kirche gegen weltliche Dichtung überhaupt bewegt und daß sie anderseits gerade in der Blütezeit der Liebeslyrik nicht sonderlich stark in Erscheinung tritt. Dies jedoch mit einer angeblichen Schwäche der Kirche im 12. Jahrhundert zu erklären, vermag schwerlich zu überzeugen. Und schließlich ist ins Feld zu führen, daß man von kirchlicher Seite z.T. durchaus auch bereit war, weltliche Unterhaltungsdichtung wenigstens zur Entspannung zuzulassen; siehe: Glending Olson, Literature as recreation in the later Middle Ages, Ithaca/London 1982; Burghart Wachinger, Erzählen für die Gesundheit. Diätetik und Literatur im Mittelalter (Schriften der Philosophisch-historischen Klasse der Heidelberger Akademie der Wissenschaften 23), Heidelberg 2001.

66 Siehe den programmatischen Titel des von Rüdiger Krohn herausgegebenen Sammelbandes: Liebe als Literatur. Aufsätze zur erotischen Dichtung

gesellschaftliche Funktion besaß. Wie ist sie zu verstehen?

Man hat sehr unterschiedliche Antworten auf diese Frage gegeben, zum Teil sehr primitive, so etwa, wenn behauptet wurde, die Trobadors hätten die adeligen Damen nur besungen, um die Schlüssel zu ihren Speisekammern in die Hände zu bekommen. Oder man hat gesagt, es handle sich um Ministerialenliteratur, die den Zweck gehabt habe, eine Ideologie zu entwerfen, die den neuen Dienstadel durch eine übergreifende Ritter- und Minne-Idee gesellschaftlich integrieren sollte. Oder man habe es mit einem laikalen Emanzipationsprozeß gegenüber der rigiden kirchlichen Sexualmoral zu tun, usw. All dies hat sich inzwischen weitgehend erledigt.[67] Man muß, meine ich, die These wagen, daß diese erotische Literatur gegen die faktische Wirklichkeit wie gegenüber der kirchlichen Position ganz bewußt neue Möglichkeiten der Geschlechterbeziehung als Gedankenexperimente durchgespielt hat. Und damit stellt sich die Frage nach der Langzeitwirkung dieses literarischen Vorstoßes im Hinblick auf die übrigen Diskurse. Konkret: Wird die erotische Literatur des 12./13. Jahrhunderts zum Hebel für einen faktischen Umbruch der Geschlechterbeziehung in Richtung auf ein freibestimmtes, personales Verhältnis der Partner, auf ein Verhältnis, das seine Erfüllung findet in einem Körper und Geist gleichermaßen umfassenden Einssein unter Bewahrung der personalen Identität, und das heißt, des Andersseins des Andern? Man wird sich davor hüten müssen, im Blick auf diese Idee einer erotischen Autonomie, die zugegebenermaßen eine moderne Position spiegelt, eine kontinuierliche Entwicklung zu konstruieren. Wir haben hinlänglich gelernt, allen teleologischen Konstruktionen zu mißtrauen. Man hat sich unvoreingenommen auf Rückfälle, Querschläge, immer wieder neue Einseitigkeiten einzustellen. Insbesondere ist auch das Gegengewicht des 6. und des 7. Diskurses ins Gesamtbild einzubringen. Damit ist die Fragestellung skizziert, die den zweiten Teil dieser Studie leiten wird.

---

in Deutschland, München 1983; eine Phänomenologie dieses Diskurses bietet Rüdiger Schnell, Die ‚höfische' Liebe als ‚höfischer' Diskurs über die Liebe, in: Curialitas. Studien zu Grundfragen der höfisch-ritterlichen Kultur, hg. von Josef Fleckenstein, Göttingen 1990, S. 231–301.

67 Vgl. Joachim Bumke, Ministerialität und Ritterdichtung. Umrisse der Forschung, München 1976; Ursula Peters, Höfische Liebe. Ein Forschungsproblem der Mentalitätsgeschichte, in: Liebe (Anm. 63), S. 1–13; Dies., Von der Sozialgeschichte zur Familienhistorie. Georges Dubys Aufsatz über die Jeunes und seine Bedeutung für ein funktionsgeschichtliches Verständnis der höfischen Literatur, in: PBB 112 (1990), S. 404–436.

6. Der burleske literarische Diskurs

Die immer wieder einer derben Sexualität das Wort redende Schwankliteratur hat ihre Wurzeln zweifellos in einer mündlich-narrativen Subkultur, von der man nicht sagen kann, wie weit sie zurückreicht. Überraschend ist jedoch, daß sie fast gleichzeitig mit dem neuen höfischen Roman literaturfähig wird. Es scheint heute Einigkeit darüber zu bestehen, daß diese Schwankliteratur sich nicht etwa an ein anderes, vorzugsweise städtisches Publikum gerichtet hat, sondern, zunächst jedenfalls, von demselben höfischen Publikum goutiert wurde, an das sich auch die neue Lyrik und der neue Roman wandten. Der erste namhaft bekannte Autor ist, in den neunziger Jahren des 12. Jahrhunderts, Jean Bodel, der die Literarisierung dieses Typs in seinen Fabliaux maßgeblich angestoßen haben dürfte. Hier stellt sich eine handfeste sexuelle Erotik in Form von pointiert komischen Kurzerzählungen gegen die höfische Liebesidee, und sie sollte dieser in den folgenden drei bis vier Jahrhunderten – wenn man die Weiterführung in der deutschen Märentradition und in der englischen, italienischen und spanischen Novellistik mit einbezieht – den Rang ablaufen, natürlich dann unter jeweils veränderten gesellschaftlichen Bedingungen. Auch der Roman selbst ist vom burlesken literarischen Diskurs nicht unberührt geblieben,[68] ja, er ist schließlich von diesem provozierend umgestülpt worden; man denke an Heinrich Wittenwilers ‚Ring'.[69]

Man wird schwerlich bezweifeln können, daß der Schwank mit seiner sexuellen Komik in der ‚Ökonomie' – wenn man so sagen darf – der erotischen Diskurse ein gegenüber der Sublimierung und Problematisierung des Geschlechtlichen in der höfischen Literatur schwer zu entbehrendes Gegengewicht darstellt. Daß er zugleich in der Spannung zum kirchlichen Diskurs zu sehen ist, zeigt sich schon darin, daß sehr häufig Geistliche in ihrer sinnlichen Anfälligkeit dem Gelächter preisgegeben

---

68 Es erscheint signifikant, daß gerade in die radikalste Ausformulierung des höfisch-literarischen Diskurses, den Tristanroman, burleske Motive aufgenommen werden. Es ist vor allem an die Schwankelemente im zweiten Teil zu denken.

69 Siehe Eckart Conrad Lutz, Spiritualis fornicatio. Heinrich Wittenwiler, seine Welt und sein ‚Ring', Sigmaringen 1990. Zur literarhistorischen Position: Walter Haug, Von der Idealität des arthurischen Festes zur apokalyptischen Orgie in Wittenwilers ‚Ring', in: Haug, Brechungen (Anm. 3), S. 312–331.

werden.[70]

Der Schwanktypus lebt von der Naturkraft des Sexuellen, und er setzt sie gegen alles ein, was sie leugnet oder mißachtet. Er arbeitet dabei mit einer charakteristischen narrativen Formel, die sich am besten durch ein einfaches Beispiel zur Anschauung bringen läßt: Ich wähle den Schwank von Aristoteles und Phyllis.[71]

Alexander entbrennt in Liebe zu der reizenden Phyllis und vernachlässigt seine Studien. Sein Lehrer Aristoteles schreitet dagegen ein. Phyllis beschließt, sich zu rächen. Sie präsentiert sich vor dem Philosophen tändelnd in lockerer Gewandung. Der Alte kann der Versuchung nicht widerstehen, doch Phyllis fordert als Bedingung für ein Schäferstündchen, daß er sich auf alle Viere niederlasse und daß sie ihm einen Zaum in den Mund legen dürfe, um so auf ihm durch den Garten zu reiten. Er willigt ein, und da Phyllis für lachende Zuschauer sorgt, ist er der Düpierte.

Abstrahiert man diesen Schwank auf die Schematik, mit der er arbeitet, so ergibt sich folgendes:[72] Es wird von einer Ordnung ausgegangen, die fragwürdig ist, indem sie einen wesentlichen Aspekt der Wirklichkeit negiert oder zu negieren versucht. Es erfolgt eine Replik, die sich dies zunutze macht, das heißt, es wird mehr oder weniger ingeniös gerade die Kraft der Unordnung, die Kraft des Vitalen, ja des Bizarr-Chaotischen ins Spiel gebracht. Die Inszenierung der Replik muß in der

---

70 Jedenfalls ist auch hier festzuhalten, daß die Bezüge komplex sind, d.h., man darf diesen Diskurs nicht zu einseitig als Protest gegen die kirchliche Moral interpretieren, wie Walter, Unkeuschheit (Anm. 4), 150ff., dies tut, auch wenn er andere Perspektiven zumindest andeutet, ebd., S. 250ff.

71 Hanns Fischer, Studien zur deutschen Märendichtung, Tübingen ²1983, Nr. 6; Haug, Das Böse (Anm. 65), S. 253.

72 Dazu ausführlicher: Walter Haug, Entwurf zu einer Theorie der mittelalterlichen Kurzerzählung, in: Kleinere Erzählformen des 15. und 16. Jahrhunderts, hg. von Walter Haug und Burghart Wachinger (Fortuna vitrea 8), Tübingen 1993, S. 1–36, wieder in: Haug, Brechungen (Anm. 3), S. 427–454; Ders., Die Lust am Widersinn. Chaos und Komik in der mittelalterlichen Kurzerzählung, in: *bickelwort* und *wildiu mære*, FS Eberhard Nellmann (GAG 618), Göppingen 1995, S. 354–365; Ders., Schwarzes Lachen. Überlegungen zum Lachen an der Grenze zwischen dem Komischen und dem Makabren, in: Semiotik, Rhetorik und Soziologie des Lachens. Vergleichende Studien zum Funktionswandel des Lachens vom Mittelalter zur Gegenwart, hg. von Lothar Fietz, Joerg O. Fichte und Hans-Werner Ludwig, Tübingen 1996, S. 49–64.

Weise gestaltet sein, daß man über sie lachen kann; der Schaden darf nicht so groß sein, daß die Zerstörung der Ordnung ins Makabre abrutscht. Lachen aber bedeutet, daß man sich vom Zwang, zwischen der erstarrten Ordnung und dem Durchbruch ins Chaos entscheiden zu müssen, befreit sieht. Der Lachende hat Recht, aber auch hinter dem Verlachten steht etwas, was nicht einfach negiert werden kann. Die Dialektik des Komischen löst die Fronten auf und holt zum einen lachend das zurück, was in jeder Ordnung prinzipiell ausgespart ist, die lebendige Unordnung, und dafür steht, zwar nicht ausschließlich, aber insbesondere das Triebhaft-Sexuelle. Doch man weiß zum andern lachend um die Notwendigkeit der Ordnung. Ordnung ist, soll sie lebendig bleiben, auf das Chaos angewiesen. Der Schwank bietet damit die komische Variante einer Problematik, die in andern Formen des Literarisch-Erotischen wieder begegnen wird.

Aufgrund der Ambiguität, die beim Schwank das Verhältnis von Ordnung und Chaos kennzeichnet, kann sich die Gewichtung bald in der einen und bald in der andern Richtung verschieben. Die lachende Verhöhnung des lüsternen Aristoteles ist leicht zu einer Invektive gegen weibliche Heimtücke umzustilisieren, der man dann eine misogyne Moral anhängen kann. Doch ist es oft schwer zu entscheiden, ob diese Moral didaktisch hart zu nehmen ist – was die Erzählung dann dem 7. Diskurs zuweisen würde – oder ob sie nur dazu dient, den erotischen Spaß, um den es doch im Grunde geht, zu bemänteln.[73] Auf der andern Seite steht das krude Vergnügen an der Obszönität.

---

73 Cornelia Herrmann, die die Materialien zu ‚Aristoteles und Phyllis‘ zusammengetragen hat, sieht vor allem den moralisch-didaktischen Aspekt des Motivs: Der „Gerittene Aristoteles". Das Bildmotiv des „Gerittenen Aristoteles" und seine Bedeutung für die Aufrechterhaltung der gesellschaftlichen Ordnung vom Beginn des 13. Jhs. bis um 1500, Pfaffenweiler 1991.

7. Der theoretisch-didaktische Diskurs

Auch er steht trotz gewisser Berührungen quer zum höfischen Diskurs,[74] wenn er sich nicht geradezu antagonistisch auf ihn bezieht. Ich fasse unter diesem Punkt ein formal und tendenziell heterogenes Schrifttum zusammen, das vielleicht besser in unterschiedlichen Rubriken darzustellen wäre. Mein übergeordneter Gesichtspunkt ist jedoch die gelehrt-lehrhafte Reflexion auf das Phänomen des Erotischen. Es handelt sich um divergierende und immer neue Versuche, es theoretisch zu bewältigen, ja seine literarische Hochstilisierung zu entzaubern, bis hin zur sich durch die Jahrhunderte ziehenden misogynen Invektive. Da man an keine spezifische Tradition anknüpfen konnte – die Antike hatte ja keine Theorie der Geschlechterliebe entwickelt –, griff man auf den moraltheologischen und den medizinischen Diskurs zurück.[75] Literarisch haben die Liebeslehren Ovids zunächst Pate gestanden.[76]

Das nach wie vor irritierende erste große Zeugnis dieses Genres ist der Traktat ‚De Amore' des Andreas Capellanus aus den achtziger Jahren des 12. Jahrhunderts.[77] Hier wird nicht nur die erotische Verführungskunst in all ihren Facetten ausgebreitet, sondern sie wird offensichtlich zugleich immer wieder ironisiert und schließlich im letzten Teil moralisch zurückgenommen, so daß man den Standpunkt des Autors kaum eindeutig fassen kann.[78] Es ist ein hochgelehrtes Werk mit einer Fülle literarischer Anspielungen, ja Anleihen bei den andern Dis-

---

74   Daß minnetheoretische Reflexionen in den verschiedensten Gattungen auftauchen können, hat Dietrich Huschenbett, Minne als Lehre. Zur Bedeutung der „Vorläufer" der Minnerede für die Literaturgeschichte des 12. und 13. Jahrhunderts, in: Liebe (Anm. 63), S. 50–60, gezeigt.

75   Die literarhistorische Position der minnetheoretischen Schriften des 12./13. Jahrhunderts ist von Karnein, Frauenliebe (Anm. 63) treffend charakterisiert worden.

76   Munari, Ovid (Anm. 63); Karnein, Frauenliebe (Anm. 63); speziell zur französischen Ovid-Rezeption: S. 18f.

77   Rüdiger Schnell, Andreas Capellanus. Zur Rezeption des römischen und kanonischen Rechts in ‚De amore' (Münstersche Mittelalter-Schriften 46), München 1982; Alfred Karnein, ‚De Amore' in volkssprachlicher Literatur. Untersuchungen zur Andreas Capellanus-Rezeption in Mittelalter und Renaissance, Heidelberg 1985.

78   Immerhin ist das Werk von kirchlicher Seite, wenngleich erst 1277, verurteilt worden; siehe Kurt Flasch, Aufklärung im Mittelalter? Die Verurteilung von 1277, Mainz 1989, Prolog, S. 90/94.

kursen. Nichts fordert meine methodische Differenzierung so sehr heraus, wie gerade dieser rätselhafte Kaplan.

Neben solcher traktathafter Behandlung bedient sich die didaktische Reflexion des erotischen Themas aber auch der allegorisch-poetischen Verkleidung. Das berühmteste Zeugnis ist der ‚Roman de la Rose‘;[79] in Deutschland entsprechen ihm – auf schlichterem Niveau – die sog. Minnereden.[80] Der ‚Rosenroman‘ des Guillaume de Lorris aus den dreißiger Jahren des 13. Jahrhunderts schildert die Suche des Amant nach einer Rose in einem paradiesischen Garten, wobei er sich mit liebesfeindlichen und liebesfreundlichen Personifikationen auseinanderzusetzen hat: mit Dame Oiseuse, Sire Deduit, Bel Acueil, Dame Raison usw., so daß der Diskussionsweg zu einer Ars amandi wird. Der Fortsetzer, Jean de Meun, begnügt sich jedoch nicht mehr mit einer einlinigen höfischen Liebeslehre, sondern er fächert die Diskussion in eine Vielzahl widersprüchlicher Perspektiven auf.

Auf einer sehr viel nüchtern-praktischeren Ebene geht es in seelsorgerlichen Texttypen – Bußbüchern, Predigten, Katechismen usw.[81] – und später vor allem in spezifischen Eheschriften bei diesem Diskurs dann darum, die Positionen und Aufgaben der Liebespartner konkret zu bestimmen, wobei – gegen die höfische Liebeskonzeption und auch als Absage an die Minnerede[82] – auf unterschiedliche ältere Traditionen zurückgegriffen wird, neben kirchlichen zunehmend auch auf antike Ehevorstellungen, letzteres dann vor allem im Humanismus und in der Reformation. So entsteht im 15./16. Jahrhundert eine Fülle von Ehe-

---

79 Ingeborg Glier, Allegorische, didaktische und satirische Literatur, in: Europäisches Spätmittelalter, hg. von Willi Erzgräber (Neues Handbuch der Literaturwissenschaft Bd. 8), Wiesbaden 1978, S. 427–454, hier: S. 428–433.
80 Ingeborg Glier, Artes amandi. Untersuchungen zu Geschichte, Überlieferung und Typologie der deutschen Minnereden (MTU 34), München 1971.
81 Vgl. die Materialien bei Rüdiger Schnell, Frauendiskurs, Männerdiskurs, Ehediskurs. Textsorten und Geschlechterkonzepte in Mittelalter und Früher Neuzeit, Frankfurt a. M./New York 1998. Verunklärend ist hier freilich, daß der Diskursbegriff auf der einen Seite einengend der Textsorte angenähert, auf der andern aber mit ‚Frauendiskurs‘, ‚Männerdiskurs‘ und ‚Ehediskurs‘ wieder so weit gefaßt wird, daß die entscheidenden Differenzen, in denen der Gewinn des neuen Diskursbegriffs besteht, verloren gehen und so z.B. Literarisch-Fiktives – einmal mehr – bedenkenlos neben Theoretischem und Pragmatischem erscheint.
82 Siehe Johannes Janota, Liebe und Ehe bei Hans Folz. Von der Minnerede zum Lob der Ehe, in: Liebe (Anm. 63), S. 174–191.

traktaten und Ehezuchtbüchlein.[83] Dies ist gewiß die sterilste Antwort auf jene Leidenschaftsliebe, die im höfischen literarischen Diskurs auf hohem Niveau narrativ entfaltet worden ist. Dabei konnte die Ehe jedoch, besonders unter dem Einfluß der protestantischen Ablehnung des Zölibats, für die Verwirklichung einer konkreten und positiven Geschlechterbeziehung einen akzeptablen Rahmen abgeben. Gegenüber den Liebeskonzepten des Hochmittelalters zeigt dieses Eheschrifttum aber eine restriktive Tendenz. Die Liebe als Passio wird hier unter psychopathologischem Blickwinkel als Krankheit und unter moraltheologischem Aspekt als Cupiditas verworfen und bestenfalls einmal mehr in ehelich gezähmter Form zugelassen; letzteres aber durchaus auch hier mit der Möglichkeit einer emotionalen Bindung.[84] Die Zurückdrängung des Erotischen ins Private im 15./16. Jahrhundert im Verein mit der protestantischen Neubewertung der Ehe war zwar gewiß ein wichtiger Schritt zur Entkrampfung und Befreiung der Sexualität, zugleich aber verstärkte sich dabei der Druck auf die Selbstdisziplinierung, indem man dezidiert eine Verinnerlichung der Moral verlangte, natürlich wie-

---

83 Michael Dallapiazza, *Minne, hûsêre und das ehlich leben*. Zur Konstitution bürgerlicher Lebensmuster in spätmittelalterlichen und frühneuzeitlichen Didaktiken, Frankfurt a. M./Bern 1981; Rüdiger Schnell, Liebesdiskurs und Ehediskurs im 15. und 16. Jahrhundert, in: The graph of sex and the German text. Gendered cultures in early modern Germany 1500–1700, hg. von Lynne Tatlock (Chloe 19), Amsterdam/Atlanta 1994, S. 77–120; Jan-Dirk Müller, Von der Subversion frühneuzeitlicher Ehelehre zu Fischarts ‚Ehzuchtbüchlein‘ und ‚Geschichtklitterung‘, ebd., S. 121–156; Pia Holenstein, Der Ehediskurs der Renaissance in Fischarts ‚Geschichtklitterung‘. Kritische Lektüre des fünften Kapitels, Bern/Frankfurt a. M. usw. 1991. Vgl. auch die Sammelbände: Eheglück und Liebesjoch. Bilder von Liebe, Ehe und Familie in der Literatur des 15. und 16. Jahrhunderts, hg. von Maria E. Müller, Weinheim/Basel 1988; Ordnung (Anm. 23); Wandel der Geschlechterbeziehungen zu Beginn der Neuzeit, hg. von Heide Wunder und Christina Vanja, Frankfurt a. M. 1991. Sozialhistorische Untersuchungen zur Position und Funktion der Frau im späteren Mittelalter ergeben ein sehr heterogenes Bild, siehe: Frau und spätmittelalterlicher Alltag. Internationaler Kongreß Krems an der Donau. 2. bis 5. Oktober 1984, hg. von Heinrich Appelt (Österreichische Akademie der Wissenschaften, philos.-hist. Kl., Sitzungsberichte, 473. Band), Wien 1986; Walter, Unkeuschheit (Anm. 4), S. 286ff.

84 Zur umstrittenen kulturgeschichtlichen Position des protestantischen Ehekonzepts siehe Schnell, Sexualität (Anm. 20), S. 155ff.

der vor allem von der Frau.[85]

Insgesamt ist das Bild, das sich für das Spätmittelalter wie für die frühe Neuzeit unter didaktischem Aspekt bietet, außerordentlich heterogen. Je nach den Text-Typen, die man ins Auge faßt, zeichnet sich bald eine Entwicklung zu größeren Freiräumen für eine personale Bindung ab, und bald fällt man auf die traditionelle Diffamierung der Sexualität und auf misogyne Topik zurück. Oft steht Widersprüchliches kaum versöhnt nebeneinander.[86]

Der theoretisch-didaktische Diskurs bedeutet jedenfalls eine Bewältigung des hochmittelalterlichen erotischen Aufbruchs und seiner normsprengenden Erfahrung im Rückgriff auf alte Kategorien. Erst über einen langen Weg – erst im 18. Jahrhundert – kommt es in der Liebestheorie zu einer neuen Positivierung der Leidenschaftsliebe.

II

Soweit mein Überblick über die sieben erotischen Diskurse, die im Mittelalter und in der frühen Neuzeit eine Rolle spielen und die man methodisch zunächst einmal auseinanderhalten sollte, wenn auch, wie angedeutet, immer wieder mit Berührungen, Beeinflussungen und Konflikten zu rechnen ist.

Ich werde nun, wie angekündigt, vor diesem Hintergrund näher auf jenen Diskurs eingehen, in dem es im 12. Jahrhundert zu den großen Experimenten mit der Idee des Erotischen gekommen ist und der kulturgeschichtlich von eminenter Tragweite sein sollte: auf den höfisch-literarischen Diskurs.

---

85 Zu dem durchaus ambivalenten Ergebnis, zu dem die Neubestimmung der Rolle der Frau im Humanismus und vor allem in der Reformation geführt hat, siehe den Forschungsüberblick von Rüdiger Schnell in der Einleitung zu dem von ihm herausgegebenen Sammelband: Text und Geschlecht (Anm. 34), S. 30ff.

86 Aufschlußreich ist z. B. der Vergleich zwischen drei spätmittelalterlichen französischen Frauendidaxen, dem ‚Livre du Chevalier de la Tour Landry', dem ‚Ménagier de Paris' und dem ‚Livre des trois vertus' der Christine de Pizan, den Sylvia Nagel durchgeführt hat: Spiegel der Geschlechterdifferenz. Frauendidaxen im Frankreich des späten Mittelalters, Stuttgart/Weimar 2000. Es zeigt sich, welch unterschiedliche Akzentuierungen selbst im Rahmen des traditionellen didaktischen Typus im Hinblick auf die Bestimmung der Geschlechterrollen möglich waren.

Das neue Thema dieses im Hochmittelalter einsetzenden Diskurses war, wie gesagt, die Geschlechterliebe, und zwar nicht als ein literarisches Motiv unter andern, nicht als Anlaß etwa zu irgendwelchen Verwicklungen, z. B. als Anlaß zum Trojanischen Krieg, sondern Geschlechterliebe unter dem Aspekt der Problematik der Du-Beziehung.[87]

Das war eine Innovation von epochaler Bedeutung. Damit sie möglich wurde, mußte eine entscheidende Bedingung erfüllt sein: das Thema mußte gewissermaßen für die Literatur frei werden.[88] Denn der kirchliche und der feudale Diskurs hielten ja in je spezifischer Weise die Thematik Sexualität und Ehe besetzt, während der philosophische Diskurs den Eros für sich als treibende Kraft in Anspruch nahm. Was für die Literatur im Rahmen dieser Diskurse zu tun blieb, waren entweder narrative Anbindungen, z. B. Legendendichtung über erotische Verführung und Rettung oder über heroisch bewahrte Keuschheit (also literarische Dienstleistung im Rahmen des kirchlichen Diskurses) oder Brautwerbungsepen, bei denen die Liebe als Movens im politischen Machtspiel feudaler Interessen fungierte – ein Musterbeispiel ist der

---

87 Die Forschungsliteratur zu diesem Thema ist unübersehbar. Ich kann hier nur eine Auswahl von Titeln bieten, wobei ich vor allem diejenigen berücksichtige, die bibliographisch weiterführen. Im übrigen geht diese Literatur immer wieder über die Diskursgrenzen hinweg, insbesondere wenn literatursoziologische Aspekte ins Spiel kommen, und dies häufig, ohne daß dies reflektiert würde. Vor allem gibt es zahlreiche Arbeiten, die zum didaktischen Diskurs hin offen sind. Meine Liste war deshalb in vieler Hinsicht nicht streng auf den literarischen Diskurs einzuschränken. Grundlegend: Rüdiger Schnell, Causa amoris. Liebeskonzeption und Liebesdarstellung in der mittelalterlichen Literatur (Bibliotheca Germanica 27), Bern/München 1985; Leo Pollmann, Die Liebe in der hochmittelalterlichen Literatur Frankreichs. Versuch einer historischen Phänomenologie (Analecta Romanica 18), Frankfurt a. M. 1966. Des weiteren folgende Sammelbände: Liebe als Literatur (Anm. 66); Liebe – Ehe – Ehebruch in der Literatur des Mittelalters, hg. von Xenia von Ertzdorff und Marianne Wynn, Gießen 1984; Amour, mariage et transgressions au moyen âge, hg. von Danielle Buschinger und André Crépin (GAG 420), Göppingen 1984; *Minne ist ein swaerez spil*. Neue Untersuchungen zum Minnesang und zur Geschichte der Liebe im Mittelalter, hg. von Ulrich Müller (GAG 440), Göppingen 1986; Liebe (Anm. 63); Konzepte der Liebe, LiLi 19/74 (1989).
88 Vgl. zum Folgenden Walter Haug, Die Entdeckung der personalen Liebe und der Beginn der fiktionalen Literatur, in: Haug, Brechungen (Anm. 3), S. 233–248.

,König Rother' aus dem 12. Jahrhundert, ein Epos über die gefährliche Werbung dieses angeblich süditalienischen Königs um die ihm allein ebenbürtige byzantinische Prinzessin[89] –, (also Dienstleistung im Rahmen des feudalen Diskurses) oder integumentale Darstellungen im Rahmen des philosophischen Diskurses (es sei an Alanus erinnert) oder schließlich das Zur-Verfügung-Stellen poetisch-erotischer Metaphorik in der ‚Hohelied'-Mystik. Hier gab es – abgesehen vom letzten Fall – höchstens in Ansätzen Raum für die Darstellung personaler Du-Beziehungen. Wie also kam es zu der literarischen Befreiung des erotischen Themas?

Meine These lautet: Die entscheidende Bedingung für die Befreiung der Literatur aus dem Dienst der andern Diskurse war die Entdeckung der Fiktionalität. Denn nur in Form von fiktionalen Entwürfen konnte das Thema der personalen Geschlechterbeziehung ungehindert und uneingeschränkt sein ganzes Problempotential entfalten. Oder anders gesagt: Es war nur dann möglich, das erotische Thema im Sinne einer personalen Du-Beziehung literarisch zu behandeln, wenn es nicht in Konflikt mit jenen Diskursen geriet, die die Problematik von Geschlechtlichkeit, Erotik und Ehe in dieser oder jener Form mehr oder weniger nachhaltig für sich gelöst hatten. Und die Bedingung dafür bestand eben darin, daß die literarische Darstellung nicht mit dem Anspruch einer Wahrheit im traditionellen Sinn auftrat, sondern sich bewußt als Fiktion gab. Die Folgen dieser Wende können gar nicht überschätzt werden. Denn indem man sich in dieser Weise der Wahrheitsanforderung von außen entzog, gewann man auf der einen Seite die zukunftsträchtige Chance, Dichtung als Form einer inneren Wahrheit und damit als genuine Möglichkeit von Erfahrung anzubieten. Anderseits war der Preis dafür jenes Grundproblem, das kennzeichnend werden sollte für die neuzeitliche Ästhetik, das Problem der Verbindlichkeit. Als Frage formuliert: Wie kann etwas, was sich bewußt als poetische Erfindung ausgibt, doch Wahrheit vermitteln? Was legitimiert fiktionale Dichtung?

In dieser Weise also, so kann man sagen, haben der neue literarische Liebesdiskurs und die Entdeckung der Fiktionalität im 12. Jahrhundert einander bedingt. Und das betrifft beide einschlägigen literarischen Typen, die Liebeslyrik wie den neuen Roman. Denn wenn sie auch das

---

89 Siehe Walter Haug, Das Geständnis. Liebe und Risiko in Rede und Schrift, in: Gespräche – Boten – Briefe. Körpergedächtnis und Schriftgedächtnis im Mittelalter, hg. von Horst Wenzel (Philologische Studien und Quellen 143), Berlin 1997, S. 23–41.

erotische Experiment in sehr verschiedener Weise durchspielen, so präsentiert man es doch hier wie dort als Fiktion, und sein Verständnis hängt hier wie dort daran, daß man sie als solche durchschaut.

Im klassischen Typus der Trobadorlyrik und des Minnesangs imaginiert und inszeniert der höfische Sänger in seinem Lied vor der Gesellschaft eine Liebesbeziehung zu einer Dame dieser Gesellschaft.[90] Es kann dies nur eine Fiktion sein, andernfalls hätte jeder Auftritt des Sängers zu einem gesellschaftlichen Eklat führen müssen. Und so gehört selbstverständlich mit zu dieser Fiktion, daß der Liebende sein Ziel nicht zu erreichen vermag. Man hat es also mit einem literarischen Spiel zu tun, dessen Regeln allen Beteiligten bewußt sind, und auf diese Weise wird die gesellschaftliche Aufführung dieser Fiktion gewissermaßen zu einem Denkspiel über das werden, was Liebe in ihrer höchsten Möglichkeit sein kann. Dabei öffnet sich jedoch ein unlösbares Dilemma. Der Sänger stellt seine Dame als den Inbegriff höchster Vollkommenheit vor; doch je mehr er sie dabei ins Überpersönliche hebt und zum Bild verklärter Weiblichkeit schlechthin stilisiert, desto unerreichbarer macht er sie für sich, was, wie gesagt, zugleich die implizite Bedingung seines Singens ist.[91] Reinmar, der deutsche Klassiker dieses Lyrikmodells, drückt dieses Dilemma in seinem Lied ‚Swaz ich nu niuwer mære sage'[92] folgendermaßen aus:

Zwei dinc hân ich mir vür geleit,
diu strîtent mit gedanken in dem herzen mîn:
ob ich ir hôhen wirdekeit
mit mînen willen wolte lâzen minre sîn,
Oder ob ich daz welle, daz si grœzer sî
und sî vil sælic wîp bestê mîn und aller manne vrî.
siu tuont mir beide wê:
ich wirde ir lasters niemer vrô;
vergêt siu mich, daz klage ich iemer mê.

---

90 Ich lehne mich im folgenden verkürzend an Ausführungen an, die in größerer Breite in meiner Studie: Gotteserfahrung (Anm. 59) nachzulesen sind.

91 Vgl. Hugo Kuhn, Liebe und Gesellschaft in der Literatur, in: Ders., Liebe und Gesellschaft. Kleine Schriften, Bd. 3, Stuttgart 1980, S. 60–68, hier S. 63f.; ferner: Haug, Die Entdeckung (Anm. 88), S. 241.

92 Des Minnesangs Frühling. I: Texte, bearb. von Hugo Moser und Helmut Tervooren, Stuttgart 1977, XXI. Reinmar der Alte, XIV (165,10).

("Zwei Möglichkeiten habe ich für mich durchdacht; sie liegen in meinem Herzen im Streit miteinander: Soll ich wollen, daß die geliebte Frau mein werde, wodurch sie ihre Vollkommenheit einbüßte, denn wenn sie mich erhörte, könnte sie auch andere erhören, oder soll ich ihre Vollkommenheit wollen und sie damit für mich wie für jeden unzugänglich wünschen? Beides schmerzt gleichermaßen. Wenn sie ihre Ehre preisgibt, ist meine Hochstimmung für immer dahin. Wenn sie mich aber abweist, bleibt mir nur immerwährende Klage.")[93]

Aufgrund dieser Strophe kann ‚Swaz ich nu niuwer mære sage' geradezu als Programmlied des klassischen Minnesangs gelten.[94] Und das hier zum Ausdruck gebrachte Dilemma wird dann, indem man ihm spielerisch immer neue Nuancen abzugewinnen sucht, bis zur Obsession abgewandelt. Der Reiz liegt darin, dabei hart an der Grenze des noch Denk- und Sagbaren zu bleiben, das Äußerste zu imaginieren, um dann doch letztlich immer an der idealen Unberührbarkeit der Geliebten festzuhalten.

Es muß nun auffallen, daß dieses Dilemma, etwas mit seiner Liebe erreichen zu wollen, was nur als Unerreichbares liebenswert ist, in eigentümlicher Weise an jene Problematik anklingt, die der platonistischen Eros-Konzeption eingeschrieben ist. Man hat es hier wie dort mit einer Reflexion über das Verhältnis zu einem Höchsten, Absoluten, zu tun. Die geliebte Frau wird mit allen Attributen der Vollkommenheit ausgestattet, sie erscheint als *summum bonum* in die Transzendenz gehoben, sie wird geradezu vergöttlicht, aber es ist – anders als im platonistischen Modell – ein Aufstieg von vornherein ausgeschlossen, da ja diese Vergöttlichung über die Radikalisierung der Differenz zuwege gebracht wird. Es handelt sich um eine künstliche, künstlerische Transzendenz, die für den Sänger nur um den Preis der absoluten Unzugänglichkeit zu haben ist. Und zugleich stellt sich der Sänger als restlos abhängig von dieser von ihm geschaffenen Kunstfigur dar, ja – so heißt es immer wieder – sie gibt ihm Leben, hält ihn am Leben. Reinmar kann sagen:

---

93 Ebd., XIV,4 (165,37).
94 Die Trobadorlyrik ist vorangegangen. Man stößt hier auf das gleiche Dilemma. Bloch, Medieval misogyny (Anm. 13), S. 151, formuliert es im Bezug auf die verehrte Frau folgendermaßen: „The prerequisite of her being desired is that she be perfect, ideal, complete unto herself, without imperfection or lack, and therefore without desire; the sine qua non of loving, therefore, is that one not be loved in return."

„Stirbt sie" – die geliebte *vrouwe* – , „so bin ich tot."[95] Walther von der Vogelweide hat eine spitze Replik auf dieses Wort gegeben; er hat ihm entgegengehalten: „Sterbe ich, so ist sie tot."[96] Er will damit sagen, die ideale Dame der Hohen Minne lebe nur von Gnaden seines Sangs. Und beide haben Recht. Reinmar sieht das Verhältnis von innen, sein Wort gehört mit in die Fiktion; Walther argumentiert poetologisch von außen, er legt die Fiktionalität des Spiels offen.

Es geht also um erotische Transzendenzerfahrung, aber sie steht – anders als im philosophischen Diskurs – unter den Bedingungen der Fiktion. Die transzendente Figur muß erst fiktional aufgebaut werden, und es ist nun dieser Akt selbst, der eigentlich sinnstiftend wird. Da der Sänger sich nicht zu seiner Figur erheben kann, so erhebt er sich, indem er die Figur erhebt. Das Lied, in dem der Aufstieg verneint wird, wird selbst zum Aufstieg. Der poetische Akt trägt seine Erfüllung in sich selbst. Der Sänger findet seine Identität im Spiel mit der von ihm fingierten Liebe, er findet sich selbst in der Erfahrung seiner höchsten poetischen Möglichkeiten wie zugleich der Grenzen, die er sich gerade durch das Utopische seines Entwurfs setzt. Die Reflexion über das, was Liebe sein kann, stellt sich als Reflexion über das dar, was Dichtung vermag. Also nicht nur: „Liebe als Literatur", sondern Liebeserfahrung als Literaturerfahrung.

Daß dieses poetologisch-erotische Konzept Widerspruch provozieren mußte, kann schwerlich erstaunen. Walther von der Vogelweide, Reinmars Schüler, wurde sein schärfster Kritiker. Erstaunlich aber ist, mit welcher Klarheit Walther den gesamten Problemkomplex erfaßt und durchdacht hat, um dann die Tradition umzubrechen und die Diskussion auf eine neue Basis zu stellen. Die große Wende erfolgt mit dem Lied ‚Aller werdekeit ein füegerinne'.[97] Walther fragt: „Was heißt richtig lieben?" Und er stellt die Frage an die *mâze*, also an die personifizierte Besonnenheit, und das heißt an jene Instanz, die für ein ausbalanciert geordnetes menschliches Zusammenleben steht. Es gibt, so sagt Walther weiter, zwei Formen von Liebe, und beide verletzen sie dieses Prinzip: die hohe Minne und die niedere Minne. Die hohe Minne will, daß man sich aufschwingt zur Vollkommenheit, die niedere Minne läßt einen in der bloßen Begierde versinken. Diese Opposition erinnert an die beiden Veneres der platonischen Tradition, nur daß hier an der Stelle der

---

95 Des Minnesangs Frühling (Anm. 92)., XXI, IX, 3,8.
96 Walther von der Vogelweide 73,16. So die Hs. E. Die Hss. A und C haben: „Läßt sie mich sterben, so ist sie tot".
97 Walther 46,32.

himmlischen Liebe die Liebe des Hohen Minnesangs steht. Und unter dieser Prämisse, im Blick auf das überzogene Konstrukt der Hohen Minne, muß es verstanden werden, wenn Walther sagt, daß auch sie einer durch das Maß bestimmten Ordnung widerspreche. Man erwartet nun eine dritte Form der Liebe, die ordnungskonform ist, und eine dritte Form wird denn auch genannt: sie heißt *herzeliebe*. Man kann übersetzen: „eine Liebe, die aus der Neigung des Herzens kommt", also weder eine unerfüllte Liebe zu einer ins Unerreichbare stilisierten Frau noch bloßer sexueller Genuß, sondern Liebe, an der das Herz beteiligt ist: Liebe als personale Bindung. Aber Walther schließt mit der abrupten Bemerkung, daß auch diese Liebe Unglück verheiße. So unerklärt verkürzt das gesagt wird, es kann dies nur bedeuten, daß auch sie nicht einer ausbalancierten Ordnung zu integrieren ist. Auch die Liebe, die allein berechtigt scheint, bleibt ein Problem: auch sie fügt sich nicht der *mâze*, sie ist konfliktbeladen, sie bringt Leid. Liebe und *mâze* widersprechen sich grundsätzlich.

Heinrich von Morungen wird dann offen die Wende zu einer personalen Du-Beziehung vollziehen und ihre erotische Problematik durchspielen, dies etwa in seinem ‚Narcissus-Lied', in dem die geliebte Frau als reale Person imaginiert wird: sie erscheint im Zeichen der Vergänglichkeit und damit der Unvollkommenheit.[98]

All das heißt aber selbstverständlich nicht, daß der artistisch-dilemmatische Typus nicht bald in konventionellen und bald in höchst kunstreichen Formen weitergeführt würde. Und im übrigen wird schon früh auch mit burlesken Abwandlungen, ja provozierend umgedrehten Modellen gegengesteuert.[99]

Der Widerspruch zwischen der absoluten Forderung des Eros und der *mâze* prägt auch den neuen Roman, jedenfalls seinem ursprünglichen Konzept nach. In Chrétiens Artusroman ist das *mesure/mâze*-Prinzip durch die gesellschaftliche Harmonie des Hofes ins Bild gebracht. Es ist gekennzeichnet durch eine Balance aller menschlichen Kräfte, durch ein Leben als Spiel, das sich insbesondere auch im problemlosen Umgang der Geschlechter darstellt. Zugleich ist diese ideale Ordnung als solche

---

98 Haug, Gotteserfahrung (Anm. 59), S. 208ff.
99 Siehe Kurt Ruh, Neidharts Lieder. Eine Beschreibung des Typus, in: Studien zur deutschen Literatur und Sprache des Mittelalters, FS Hugo Moser, Berlin 1974, S. 151–168; wieder in: Ders., Kleine Schriften I. Dichtung des Hoch- und Spätmittelalters, hg. von Volker Mertens, Berlin/New York 1984, S. 107–125.

aber immer schon gefährdet, und dies von außen wie von innen. Die epische Handlung kommt denn auch dadurch in Gang, daß die Harmonie aufgebrochen wird. Kennzeichnend ist zunächst eine Provokation durch die Außenwelt, eine Welt, die durch ihre Ordnungslosigkeit und Willkür der arthurischen Idealität diametral entgegengesetzt erscheint. In Chrétiens ‚Erec', dem Musterroman des neuen Typus, erfolgt die Provokation dadurch, daß ein vorbeiziehender Ritter die Königin beleidigt, indem er es zuläßt, daß sein Zwerg ihr Hoffräulein und dann ihren Begleiter, Erec, mit einer Geißel schlägt. Erec sieht sich gezwungen, in die Welt, aus der der Beleidiger kommt, aufzubrechen, um die Schmach zu rächen. Im ‚Yvain' wird der Titelheld durch die Schande, die einem Artusritter durch sein Versagen in einer Aventüre anhängt, zum Aufbruch veranlaßt. Im ‚Chevalier de la charrette' gibt die Entführung der Königin den Anstoß zum Aventürenweg Lancelots. Im ‚Conte du graal' wird Artus durch unerhörte Ansprüche eines Ritters herausgefordert; der junge Perceval tötet ihn mit seinem Wurfspieß und macht sich dann auf die Aventürensuche.

Das eigentümlich Problematische dieses Gegenübers von arthurischer Idealität und Gegenwelt besteht nun aber darin, daß die letztere nicht nur eine Welt der Schurken und Verführer ist, die der Held im Kampf zu besiegen hat, sondern daß dem Sieger dort jeweils eine Frau zufällt, die seine Geliebte oder seine Gattin wird.[100] Und es zeigt sich dann, daß er sich damit etwas aus dieser Sphäre angeeignet hat, das letztlich nicht in die arthurische Welt der *mesure/mâze* zu integrieren ist. Denn der Anspruch des Eros erweist sich als radikal und absolut. Er sprengt jede gesellschaftliche Balance. So muß denn der Integrationsversuch durchwegs scheitern; es geschieht dies zwar in den einzelnen Chrétienschen Romanen auf unterschiedliche Weise – Erec z.B. liegt nur noch mit seiner Frau im Bett, und das gesellschaftliche Leben verkommt; Yvain versucht dies zu vermeiden und gerät damit erst recht in die Krise; Lancelots Liebe zur Königin kann sich nur in einem quasi-jenseitigen Land, also fern der arthurischen Gesellschaft, erfüllen –, das Ergebnis ist jedoch stets, wenn die Verbindung mit der in der Gegenwelt gewonnenen Frau vollzogen und es zur Krise gekommen ist, ein zweiter Auszug des Helden, über den die Einbindung dann zu gelingen

---

100 Zum Folgenden: Walter Haug, Für eine Ästhetik des Widerspruchs. Neue Überlegungen zur Poetologie des höfischen Romans, in: Mittelalterliche Literatur und Kunst im Spannungsfeld von Hof und Kloster, hg. von Nigel F. Palmer und Hans-Jochen Schiewer, Tübingen 1999, S. 211–228, insbes. S. 218–225.

scheint, denn der Protagonist kehrt mit kämpferisch wiederhergestellter Ehre an den Hof zurück. Aber man darf sich nicht täuschen lassen, die Auflösung des Widerspruchs verdankt sich letztlich nur der Willkür der fiktionalen Konstruktion. Indem sie jedoch als solche bewußt gemacht wird, bleibt das Problem virulent, und das heißt: das Happy-End von Gnaden der fiktionalen Linienführung meint nicht eine beruhigende Lösung, sondern es zielt darauf, die Spannung zwischen dem harmonisierenden Konstrukt und dem im Grunde nicht zu bewältigenden Konflikt um so deutlicher zu machen.

Besonders augenfällig demonstriert dies die Schlußepisode des zweiten Aventürenweges im ‚Erec'. Nachdem sich Erec zusammen mit Enide durch die Gegenwelt durchgekämpft hat, und dies bis hin zum physischen Zusammenbruch, durch den er gewissermaßen symbolisch durch den Tod hindurchgeht, wobei Enide ihn durch ihre Liebe rettet, das Paar also seine Beziehung ‚bewährt' hat, stößt der Held auf eine letzte, besonders gefährliche Aventüre: Ein Ritter, Mabonagrain, hat sich mit seiner *amie* in einen Wundergarten zurückgezogen. Sie hat, als er um sie warb, von ihm verlangt, daß er so lange mit ihr in dieser Abgeschlossenheit nur der Liebe lebe, bis es einem Ritter gelingen würde, ihn im Kampf zu besiegen. Achtzig Köpfe von Herausforderern, die das vergeblich versucht hatten, sind grausig auf Pfähle aufgesteckt. Erec überwindet Mabonagrain in einem harten Zweikampf und befreit das Paar aus seiner Isolation.

Die Sonderstellung dieser letzten Episode ist offenkundig. Sie scheint vor dem Ende des zweiten Weges nochmals das Thema des Romans, narrativ umgesetzt, vorzuführen. So wie Erec sich mit Enide von der Gesellschaft zurückgezogen hat, so lebt Mabonagrain mit seiner *amie* ausgeschlossen aus jeder andern menschlichen Gemeinschaft in seinem Wundergarten. Man hat gesagt: Wenn Erec dieses Paar zu ‚erlösen' vermöge, so zeige dies symbolisch an, daß nun sein eigenes Verfehlen als bereinigt gelten könne. Und damit fasse man auch den Sinn des Romans: Es gehe darum, den Anspruch der Liebe mit den Ansprüchen der Gesellschaft in Einklang zu bringen.

Aber die Sachlage ist keineswegs so simpel.[101] Das Liebesparadies

---

101 Siehe zur Problematik der Episode: Walter Haug, Mittelhochdeutsche Klassik zwischen Norm und Normverstoß, in: Norm und Transgression in deutscher Sprache und Literatur. Kolloquium in Santiago de Compostela, 4.–7. Oktober 1995, hg. von Victor Millet, München 1996, S.1–17, und insbesondere: *Joie de la curt*, in: Blütezeit, FS L. Peter Johnson, Tübingen 2000, S. 271–290.

Mabonagrains ist eine mörderische Idylle. Die Brutalität der Gegenwelt geht hier zusammen mit der absoluten erotischen Forderung. Die Frauen der arthurischen Helden stammen, wie gesagt, alle aus dieser Welt, die Geschlechterbeziehung wurzelt in ihr, und das zeigt sich darin, daß sie unter einem Anspruch steht, der jede Ordnung in Frage stellt: Die Liebe ist zugleich subversiv und paradiesisch, ihre Schrankenlosigkeit ist zur brutalen Ordnungslosigkeit der Gegenwelt hin offen, und sie schließt doch zugleich eine höchste menschliche Möglichkeit in sich, die alle Ordnung auch im positiven Sinn übersteigt. Es ist diese Ambiguität des Erotischen, die durch die Mabonagrain-Episode ins Bild gebracht und gerade angesichts des konstruierten Happy-Ends bewußt gehalten werden soll. Die Konstruktion rechtfertigt sich nur durch das Bewußtsein, daß sie in ihrer Künstlichkeit einen unlösbaren Widerspruch überspielt. Und so besteht denn das entscheidende Ergebnis von Erecs Sieg über Mabonagrain darin, daß dieser seine Geschichte als beispielhaften Fall der Geschlechterbeziehung in ihrer radikalen inneren Widersprüchlichkeit erzählt – der gewaltsame Sieg Erecs ist ja keine Lösung des Problems, sondern gehört mit zur Konstruktion. Und so erzählt dann auch Erec wiederum seine Geschichte am Hof und hält damit ihre Widersprüchlichkeit in der Idealität der arthurischen Gesellschaft lebendig.

Der Sinn des Chrétienschen Artusromans ist also nicht die Herausforderung und die Wiederherstellung der gesellschaftlichen Harmonie, wenn auch handlungstechnisch die Linien daraufhin zusammengebogen werden, sondern sein Sinn besteht darin, deutlich zu machen, daß diese Harmonie bestenfalls ein utopischer Augenblick sein kann. Der Eros ist eine Herausforderung zum Tod. Deshalb kann es gar nicht um seine Integration gehen, sondern allein um das Bewußtsein, daß der Versuch zur Integration der Du-Beziehung letztlich immer scheitern muß, da der Eros aus einer Gegenwelt kommt und in diese Gegenwelt zurückführt, wobei er alle Ordnung untergräbt und übersteigt. Allein im Erzählen öffnet sich die Möglichkeit, den Widerspruch in gewisser Weise zu bewältigen, indem man ihn offenlegt und annimmt.

Das literarische Experiment mit dem Eros führt im Artusroman also in eine ebenso faszinierende wie provozierende poetologische Ambiguität hinein. Denn man spielt es kunstvoll-glücklich zu Ende und fängt das Erotisch-Subversive damit scheinbar auf. Aber es kommt als Geschichte eben doch zu Wort, und gerade dadurch bleibt der Widerspruch virulent – zugleich bedrängend und belebend. Der arthurische Typus hat diese Problematik in immer neuen Varianten durchgespielt – bis hin zur irritierenden Infragestellung der festgeschriebenen Geschlechterrollen[102] –, und er bewahrt solange sein künstlerisches Niveau, als er der Versuchung widersteht, praktikable Lösungen an die Stelle der Vermittlung von Widersprüchlichkeit und damit von Problembewußtsein zu setzen.[103]

Am radikalsten aber wird die Problematik der Du-Beziehung und der literarischen Vermittlung des fiktionalen Experiments schließlich im ‚Tristan' durchgespielt.

Der Tristanroman ist im 12. Jahrhundert in Frankreich entstanden und dann in interkulturellem Austausch über mehrere Stufen herangewachsen.[104] Die vollendete Form hat er zu Beginn des 13. Jahrhunderts in der Fassung Gottfrieds von Straßburg gefunden – wenngleich sein Werk Fragment geblieben ist.[105] Daß der ‚Tristan' seine Entstehung also nicht wie der Artusroman einem einmaligen konstruktiven Entwurf verdankt, daß der Stoff und seine Thematik sich vielmehr schrittweise entwickelt haben, kann man noch deutlich an seinem additiven Aufbau ablesen:

Es gibt zunächst eine relativ breit angelegte Elterngeschichte, die das Thema der illegitimen Beziehung präludiert. Riwalin von Parmenie gewinnt am Hof Markes von Cornwall die Liebe von dessen Schwester Blanscheflur. Sie wird schwanger; sie flieht mit ihm nach Parmenie. Aber Riwalin fällt bald darauf im Kampf, und Blanscheflur stirbt bei der Geburt ihres Kindes. Dieses, das der traurigen Umstände halber den Namen Tristan erhält, wird von einem treuen Vasallen des Vaters höfisch aufgezogen. Er lernt dabei nicht nur das Waffenhandwerk, son-

---

102 So etwa in Heinrichs von dem Türlin ‚Crone'; vgl. Walter Haug, Die Rollen des Begehrens. Weiblichkeit, Männlichkeit und Mythos im arthurischen Roman, in: Literarische Leben. Rollenentwürfe in der Literatur des Hoch- und Spätmittelalters, FS Volker Mertens, Tübingen 2002, S. 247–267, hier S. 263ff. Oder man denke an das Spiel mit den Geschlechterrollen z. B. im ‚Meraugis de Portlesguez' von Raoul de Houdenc; vgl. Kristin L. Burr, Defining the courtly lady: Gender transgression and transvestism in ‚Meraugis de Portlesguez', in: BBSIA 53 (2001), S. 378–392.
103 Dazu Walter Haug, Über die Schwierigkeiten des Erzählens in ‚nachklassischer' Zeit, in: Haug, Brechungen (Anm. 3), S. 251–264.
104 Gertrude Schoepperle Loomis, Tristan and Isolt. Study of the sources of the romance. Second edition, expanded by a bibliography and critical essay on Tristan Scholarship since 1912 by Roger Sherman Loomis, Bde. 1–2, New York 1963.
105 Gottfried von Straßburg, Tristan, hg. von Friedrich Ranke, Berlin ¹⁴1969.

dern auch alle Künste vom Saitenspiel bis zur Kenntnis sämtlicher gängiger Fremdsprachen. Er entwickelt sich zu einem solchen Wunderkind, daß Kaufleute ihn kurzerhand entführen, als er Waren auf ihrem Schiff besichtigt und sich dabei als Schachmeister und Sänger in Szene setzt. Als er ihnen – zufällig gerade in Cornwall – entkommt, gelingt es ihm mit seinem brillanten Gehabe, am Hof König Markes aufgenommen zu werden. Daß er des Königs Neffe ist, erfahren beide aber erst, als der Ziehvater erscheint, der sich aufgemacht hat, um den geraubten Jungen zu suchen. Nun schlägt Marke Tristan zum Ritter und setzt ihn als seinen Erben ein. Und in dieser neuen Identität unternimmt Tristan es dann, Cornwall aus seiner schmachvollen Abhängigkeit von Irland zu befreien. Er stellt sich dem irischen Zinsforderer Morolt entgegen und tötet ihn. Doch bei diesem Kampf empfängt er eine vergiftete Wunde, die niemand heilen kann außer Morolts Schwester, die irische Königin. Todkrank macht Tristan sich auf die Fahrt nach Irland, und es gelingt ihm das Kunststück, sich inkognito von der Frau heilen zu lassen, die ihn am meisten hassen muß. Dabei lernt er auch ihre Tochter Isold kennen, der er Unterricht in Musik und höfischen Umgangsformen gibt. Sie wird ihm dadurch im Geiste ebenbürtig. Wieder zurück in Cornwall, berichtet er nicht nur übermütig von seinem trickreichen Unternehmen, sondern auch von der großen Schönheit der irischen Prinzessin. Und das wird der Anlaß zu seiner zweiten Irlandfahrt, denn die Höflinge, die neidisch auf ihn sind, schlagen Isold als Braut für König Marke vor, und Tristan soll um sie werben. Die böse Strategie liegt offen zutage: Entweder Tristan kommt bei diesem Unternehmen um, oder aber König Marke vermählt sich, und wenn er dann einen Erben hat, ist Tristan aus seiner Vorzugsstellung verdrängt. Man ist ihn also in jedem Fall los. Tristan durchschaut den Plan, geht aber tollkühn darauf ein; und es gelingt ihm, indem er Irland von einem Drachen befreit, wofür die Prinzessin ausgelobt ist, nicht nur eine Versöhnung zwischen den beiden Ländern zu erreichen, sondern auch Isold als Braut für Marke zu gewinnen.

Es scheint, daß Tristan allen Zufällen und jedem Ränkespiel gewachsen ist. Er ist ebenso klug wie listig, ebenso tapfer wie risikofreudig. Mit seiner rationalen Überlegenheit spielt er alle an die Wand. Aber auf der Heimfahrt nach Cornwall geschieht etwas, das sämtliche Kalkulationen zunichte macht: Es fällt Tristan und Isold ein Trank in die Hände, der für Marke und Isold bestimmt war und der zwei, die ihn zusammen trinken, in unlöslicher Liebe aneinanderbindet. Die Braut des Königs wird noch auf dem Schiff Tristans Geliebte. Er übergibt sie dann nach der Ankunft in Cornwall auftragsgemäß seinem Onkel. Aber es beginnt nun am Hof eine Betrugsserie, die die Liebenden in immer neue Risiken hineinführt, die sie in einem intuitiven Zusammenspiel mit immer kühneren Manövern bewältigen. Isold ist Tristan dabei nicht nur ebenbürtig, sondern sie überflügelt ihn an Ingeniosität, bis es schließlich doch zum Eklat kommt und Tristan fliehen muß.

Bald nach dieser Wende bricht Gottfrieds Text ab. Die übrigen Zeugnisse des Stoffes lassen aber keinen Zweifel daran, wie die Handlung hätte weitergehen müssen: Nach einer Reihe von abenteuerlichen heimlichen Wiederbegegnungen kommt es zu einem tragischen Schluß. Tristan, der geheiratet hat, weil er eine Frau traf, die ebenfalls Isold hieß, freilich ohne daß er die Ehe vollzogen hätte, empfängt schließlich nochmals eine vergiftete Wunde. Er schickt nach seiner Geliebten, die allein ihn mit ihren irischen Wunderarzneien retten könnte. Wenn sie komme, solle man am Schiff weiße Segel aufziehen, wenn sie sich verweigert habe, schwarze. Als das Schiff sich nähert, mit weißen Segeln, fragt Tristan seine Frau nach der Farbe. Sie hat aber von diesem Zeichen erfahren und lügt: sie seien schwarz. Da stirbt Tristan verzweifelt; Isold kommt, sie legt sich neben ihn auf das Totenbett und stirbt ihm nach.

Daß dieser tragische Schluß auch Gottfrieds Zielpunkt gewesen sein muß, ist schwerlich zu bezweifeln. Nicht nur, weil der Stoff es verlangte, sondern auch, weil Gottfried die Todesthematik – im Gegensatz zu seinen Vorgängern – in ganz neuer Weise in die Erfahrung der Liebe hereingenommen hat.[106] Das führt zur Frage nach seinem erotischen Konzept.

Die Liebe sollte im Brautwerbungsteil des ‚Tristan' als staatspolitischer Akt funktionalisiert werden, so wie in den traditionellen Brautwerbungsepen oder im Sinne des feudalen Diskurses. Der Plan war die Versöhnung der verfeindeten Länder Irland und Cornwall über eine eheliche Verbindung der Herrscherhäuser. Aber dieses Schema wird

---

106 Wir wissen das seit der Entdeckung des Fragments von Carlisle, das zum ersten Mal ein Stück aus der ersten Hälfte des ‚Tristran' von Thomas bietet; siehe Walter Haug, Erzählen als Suche nach personaler Identität. Oder: Gottfrieds von Straßburg Liebeskonzept im Spiegel des neuen ‚Tristan'-Fragments von Carlisle, in: Erzählungen in Erzählungen. Phänomene der Narration in Mittelalter und Früher Neuzeit, hg. von Harald Haferland und Michael Mecklenburg, München 1996, S. 177–187, und Ders., Gottfrieds von Straßburg Verhältnis zu Thomas von England im Licht des neu aufgefundenen ‚Tristan'-Fragments von Carlisle, in: Koninklijke Nederlandse Akademie van Wetenschapen, Mededelingen van de Afdeling Letterkunde, Nieuwe Reeks, Deel 62 no. 4, Amsterdam 1999.

durch den Liebestrank gebrochen. Der Eros zeigt sich als eine politisch nicht verfügbare, nicht kalkulierbare Macht. In der Zufälligkeit und Plötzlichkeit des Trankes steckt seine Symbolik. Tristan, der mit dem Kontingenten des menschlichen Lebens aufgrund seiner ungewöhnlichen Fähigkeiten brillant und bravourös fertig geworden ist, verfällt durch einen Zufall unvermittelt jener Macht, in die wie sonst in nichts die Kontingenz eingeschrieben ist: der Liebe als einer bedingungslosen, Geist und Körper in eins fassenden personalen Beziehung. Diese Plötzlichkeit und Bedingungslosigkeit meint absolute Differenz und steht damit auch hier quer zu jeder Ordnung. So erscheint diese Liebe denn als das Risiko schlechthin, äußerlich und innerlich. Und Tristan weiß dies nicht nur, sondern er bejaht es auch, und dies in unerhörter Weise. Brangäne, die Begleiterin Isolds, der die irische Königin den Trank anvertraut hatte und die um seinen Zauber weiß, erklärt den Liebenden den Sachverhalt und sieht voraus, was geschehen wird. Sie sagt:

[...] ‚daz selbe glas
und der tranc, der dar inne was,
der ist iuwer beider tot'. (vv. 12487ff.)

(„Der Trank, der in dem Glas war, der ist euer beider Tod.")

Sie meint damit, daß die Folgen dieser Liebe, das heißt, die Folgen des Ehebruchs, tödlich sein werden. Tristan nimmt dieses Wort auf, gibt ihm aber einen neuen Sinn. Er antwortet:

‚nu waltes got! [...]
ez waere tot oder leben:
ez hat mir sanfte vergeben,
ine weiz, wie jener werden sol:
dirre tot der tuot mir wol.
solte diu wunnecliche Isot
iemer alsus sin min tot,
so wolte ich gerne werben
umb ein eweclichez sterben.' (vv. 12494ff.)

(„Wie Gott will! [...] Ob dies nun Tod bedeute oder Leben, es hat mich selig vergiftet. Über den Tod, den du meinst, kann ich nichts wissen, doch dieser Tod hier tut mir wohl. Sollte die wunderbar-beglückende Isold immer so mein Tod sein, dann bin ich gerne bereit, ewig zu sterben.")

Liebe und Tod gehören, wenn man die Geschlechterliebe personal faßt, im Innersten zusammen; sie ist Selbstpreisgabe und Zu-sich-selbst-

Kommen in einem, sie spielt in der Dialektik zwischen der Transzendenz des personalen Du und dem sexuellen Einssein. Und ihre narrative Umsetzung und Ausfaltung ist der Wechsel von Vereinigung und Trennung. Und darin liegt auch der Sinn der epischen Konstellation. Es geht nicht darum, den Ehebruch als die einzig wahre Form der Liebe zu propagieren, vielmehr ist die Liebe zu einer verheirateten Frau nur die erzählerisch optimale Möglichkeit, um die erotische Dialektik als lebensgefährlichen Wechsel zwischen Einssein und Distanz zu inszenieren.[107]

Damit ist im literarischen Diskurs jene Position erreicht, zu der es in analoger Weise in der Entwicklung des philosophischen Diskurses mit der Ablösung des Aufstiegsmodells durch das Szenario des ‚Hohenliedes' gekommen ist. Um so überraschender ist jedoch, daß Gottfried in eigentümlicher Weise auch die Idee des erotischen Aufstiegs ins Spiel bringt. Sie ist programmatisch schon im Prolog formuliert, wo die personale Liebe als jene Kraft gepriesen wird, die allein den Menschen zur Vollkommenheit zu führen vermöge. Und sie prägt dann insbesondere eine Episode, die dieser Idee überhaupt ihre Existenz zu verdanken scheint, die Episode der Minnegrotte.

Im Laufe des Intrigen- und Betrugsspiels am Markehof kommt der Moment, wo der König das Hin und Her der Verdächtigungen und Täuschungen nicht mehr erträgt und die Liebenden vom Hof weist. Sie fliehen in eine wunderbare Grotte, die von Riesen in der Vorzeit in einen Felsen gemeißelt worden ist. Es ist eine weite Kuppelrotunde, die Wände schneeweiß und von makelloser Glätte, der Boden aus grünem Marmor; in der Höhe sind drei kleine Fenster angebracht, durch die das Licht hereinfällt. Und im Scheitelpunkt des Gewölbes hängt eine edelsteinbesetzte Krone. Diese Architektur wird dann allegorisch ausgelegt. Daß die Grotte rund ist, bedeutet die offen-klare Einfachheit der Liebe, einer Liebe, die ohne Winkel, d. h. ohne Hinterhältigkeit und Verstellung ist. Die Weite des Raumes bedeutet ihre unendliche Kraft, die Höhe aber meint ihr unentwegtes Streben nach oben, dem keine Mühe zu groß ist, die einen vielmehr emportreibt, bis man die kostbare Krone der Vollkommenheit erreicht hat. Und Gottfried fügt hinzu, diese Vollkommenheit sei so kostbar und köstlich,

---

107 Das hat also überhaupt nichts mit jener dilemmatischen Frage der Minnetheoretiker zu tun, ob Liebe in der Ehe oder nur außerhalb von ihr möglich sei.

daz wir, die nidere sin gemuot,
der muot sich allez nider tuot
und an dem esteriche swebet,
der weder swebet noch enclebet:
wir kapfen allez wider berc
und schouwen oben an daz werc,
daz an ir tugenden da stat,
daz von ir lobe her nider gat,
die ob uns in den wolken swebent
und uns ir schin her nider gebent:
die kapfe wir ze wunder an.
hie wahsent uns die vedern van,
von den der muot in vlücke wirt,
vliegende lob nach tugenden birt. (vv. 16949ff.)

(„... daß wir, deren Geist darniederliegt, deren Herz ganz nach unten gedrückt ist und sich am Boden bewegt, das sich weder aufschwingt noch festklebt – wir schauen unentwegt hinauf und betrachten oben das Werk, das sie [die vollendet Liebenden] in ihrer Vollkommenheit vollbracht haben, wobei es sich zum Ruhm jener, die über uns in den Wolken schweben, auf uns herabneigt und auf uns niederstrahlt: sie fesseln, wunderbar wie sie sind, unsern Blick. Davon wachsen uns die gleichen Flügel, die ihr Herz beflügeln, das im Aufschwung entsprechend seiner Vollkommenheit Lobpreis erwirkt.")

Diese Interpretation, die die Allegorese auf den Zuhörer hin öffnet, ist unverkennbar durchdrungen von platonischer Metaphorik; sie evoziert das erotische Ascensus-Konzept, die Vorstellung vom Sich-Ablösen aus dem Niedrig-Sinnlichen mit dem Ziel der Vervollkommnung, letztlich der Deificatio. Und der Aufstieg im Flug wird angestoßen durch die Herabkunft des Göttlichen.[108] Verkörpert wird es hier jedoch durch jene Liebenden, die das Höchste schon erreicht haben, konkret durch Tristan und Isold, durch ihr *werc*, das zugleich Gottfrieds Dichtung meint.

Aber nun das Unerhörte: in der Mitte der Grotte steht das kristalline Bett der Liebe. Damit wird der sexuelle Akt zum Ausgangspunkt des Höhenflugs, der Aufstieg erfolgt über das Bett. Das ist, platonisch gesehen, eine unglaubliche Provokation. Das, was im philosophischen Aufstiegsmodell überwunden werden muß, das Körperliche, das Geschlechtliche, wird zur Bedingung der Vollendung des Menschen. Es kann kein Zweifel daran bestehen, daß das eine programmatische Her-

---

108 Vgl. zum Motiv der Flügel der Seele oben, S. 25.

ausforderung dargestellt und in einer mit dem philosophisch-platonischen Liebesdiskurs vertrauten Zeit als Schock gewirkt haben muß. Gottfried nimmt also für sein dialektisches erotisches Konzept jene Möglichkeit der Vervollkommnung in Anspruch, die traditioneller Weise an den platonischen Diskurs gebunden war.

Man wird dabei jedoch nicht übersehen, daß das durch die Handlung des Romans nicht eingelöst wird, daß es hier vielmehr zu einer weiteren Irritation kommt. Zugespitzt formuliert lautet die Frage: Kann eine Ehebruchsliebe mit all jenen Betrügereien und moralisch höchst fragwürdigen Strategien, mit denen sich Tristan und Isold immer aufs neue aus prekären Situationen herausmanövrieren müssen, zu einer höchsten Vollendung auch im ethischen Sinne führen? Man wird vergeblich nach einer harmonisierenden Lösung suchen. Alle Interpretationen, die sich bemüht haben, den Widerspruch aufzuheben, müssen als gescheitert gelten.[109] Man kann nur festhalten, daß das Konzept der personalen Geschlechterbeziehung mit seiner ganzen Dialektik, die alle Abgründe und Höhen ausmißt, Glück und Qual, Selbstfindung und Selbstbetrug, radikales Vertrauen und totale Verzweiflung – daß dieses Konzept von Gottfried doch als die einzige Möglichkeit angesehen wird, jenes Ziel zu erreichen, das der platonische Diskurs bisher für sein Konzept in Anspruch genommen hat: die höchste Erfüllung dessen, was Menschsein in sich schließt.

Der entscheidende Grund des Widerspruchs ist im unterschiedlichen Ansatz zu sehen: nach dem griechischen Konzept – Aristoteles stimmt in seiner Freundschaftslehre in dieser Hinsicht mit Platon überein[110] – entzündet sich die Liebe zum Andern an dessen Wert, sie bezieht sich auf das, was in ihm an Vollkommenheit erscheint. Je vollkommener der Andere ist, desto liebenswerter wird er. Aber man geht dabei über ihn als individuelle Person hinweg.[111] Die personale Liebe hingegen, wie sie

---

109 Siehe Walter Haug, Gottfrieds von Straßburg ‚Tristan'. Sexueller Sündenfall oder erotische Utopie, in: Walter Haug, Strukturen als Schlüssel zur Welt. Kleine Schriften zur Erzählliteratur des Mittelalters, Tübingen 1989, S. 600–611.
110 ‚Nikomachische Ethik', VIII, 3ff.
111 Hannah Arendt hat dies einmal ebenso treffend wie drastisch formuliert: Denktagebuch, hg. von Ursula Ludz und Ingeborg Nordmann, München/Zürich 2002, S. 15: „Der Irrweg: In einem Menschen das Allgemeine lieben, ihn zu einem ‚Gefäß' machen, es liegt so nahe, weil wir ja immer das Sinnliche als ‚Übersinnliches' deutend missverstehen – und ist doch fast potentieller Mord: wie Menschenopfer."

im ‚Tristan' zur Darstellung kommt, akzeptiert den Andern vorbehaltlos in seiner Individualität. Individualität aber bedeutet Abweichung von der Norm, und damit hat die Liebe gerade auch diese Abweichung, also das Unvollkommene und Problematische des Andern, zu tragen. So ergibt sich denn, daß im ‚Tristan' das ethisch Fragwürdige an den Liebenden die eigentliche Bedingung dieser Form der Liebe ist.

Analog zum arthurischen Roman, wenn auch in ganz anderer Weise, stößt somit auch hier die Aporie das Verständnis an und fordert einen entsprechenden Rezeptionsprozeß.[112] Es geht wiederum um eine literarische Erfahrung anhand eines fiktiven Entwurfs. Gottfried sagt am Ende seines Prologs, daß das Leben und der Tod von Tristan und Isold für uns Brot seien:

> Ir leben, ir tot sint unser brot.
> sus lebet ir leben, sus lebet ir tot.
> sus lebent si noch und sint doch tot
> und ist ir tot der lebenden brot. (vv. 237ff.)

Die Metapher vom Tod als Brot des Lebens scheint an die Eucharistie anzuklingen, aber wohl eher indirekt über jenes Wort im Johannes-Evangelium (6,35–51), wo Christus als das Brot des Lebens bezeichnet wird.[113] Jedenfalls impliziert dies, daß der Dichtung, auf was für eine Weise auch immer, eine Erlösungsfunktion zugeschrieben wird. Dies erscheint um so kühner, je mehr man sich deutlich macht, daß es von einer Geschichte gesagt wird, die nur als fiktionales Experiment akzeptabel ist. Das zielt auf einen höchsten ästhetischen Anspruch. Er besteht in dem Postulat, die Wahrheit über das Erzählen nicht als problemlos ablesbare Lehre, sondern als genuine Erfahrung zu vermitteln, als eine Erfahrung also, die nur über den Bruch in dem zustande kommen kann, was sich als poetisch-fiktionales Konzept anbietet. Also im Prinzip dieselbe Vermittlungsstrategie wie beim arthurischen Roman. Doch während der das Problembewußtsein anstoßende Widerspruch dort darin besteht, daß das fiktionale Konstrukt vom Thema her unterminiert wird, liegt der Bruch in Gottfrieds ‚Tristan' in der Dialektik des Themas selbst, in der reflektierten Dialektik einer Liebe, die ihren inne-

---

112 Siehe dazu meine Analyse der Exkurse: Erzählung und Reflexion in Gottfrieds ‚Tristan', in: Der ‚Tristan' Gottfrieds von Straßburg. Symposion Santiago de Compostela, 5. bis 8. April 2000, hg. von Christoph Huber und Victor Millet, Tübingen 2002, S. 281–294.

113 Vgl. Eva Willms, *der lebenden brot*. Zu Gottfried von Straßburg ‚Tristan' 238 (240), in: ZfdA 123 (1994), S. 19–44.

ren Widerspruch nicht nur bejaht, sondern in dessen Unlösbarkeit die Erlösung sieht.

Es kann schwerlich überraschen, wenn man feststellt, daß solche Ansprüche nicht durchzuhalten waren. Literarhistorisch läßt sich dies einerseits daran ablesen, daß die Idee einer Geist und Sinnlichkeit umgreifenden Liebe, kaum war sie entworfen, durch die erotische Schwankliteratur dem Gelächter preisgegeben wurde und daß man anderseits mit den verschiedenen Formen des moralisch-didaktischen Diskurses darauf geantwortet hat, eine Reaktion also, die nun genau das versuchte, wogegen sich der höfische Roman mit allem Nachdruck verwahrt hatte, nämlich die Du-Beziehung ‚in Ordnung zu bringen'. Und unter diesem moralisch-didaktisch verkürzten Aspekt trat das erotische Thema dann in die Neuzeit ein. Aber das Konzept, das in der höfischen Lyrik und im Artusroman ansetzte und im ‚Tristan' seine gültige Gestalt gefunden hat, ist nicht verschüttet worden, es taucht in immer neuen literarischen Abwandlungen über die Jahrhunderte hin wieder auf, von der ‚Princesse de Clève' über ‚Madame Bovary' und ‚Anna Karenina' bis zum ‚Seidenen Schuh', um nur ein paar markante Beispiele herauszuheben. Es fragt sich freilich, ob der Anspruch an das Reflexionsniveau des Publikums, der in Gottfrieds Werk steckt, je wieder erreicht worden ist.

Curriculum vitae

Walter Haug wurde am 23. November 1927 in Glarus in der Schweiz geboren. Er studierte Germanistik, Theaterwissenschaft, Philosophie und Psychologie an den Universitäten Zürich, Wien und München. Den Abschluß bildete 1952 die Promotion mit einer Arbeit über den Begriff des Theatralischen bei Andreas Gryphius. Nach einer Tätigkeit als Dramaturg am Bayerischen Staatsschauspiel in München – unterbrochen durch einen einjährigen Studienaufenthalt in den Vereinigten Staaten – kehrte Haug 1961 an die Universität München zurück, an der er sich 1966 mit einer Untersuchung über ‚Orientalisch-mittelalterliche Literaturbeziehungen' habilitierte. Ein Jahr darauf wurde er auf den mediävistischen Lehrstuhl der neu gegründeten Universität Regensburg berufen. 1973 wechselte er nach Tübingen. 1987 wurde ihm zusammen mit Burghart Wachinger der Leibnizpreis der Deutschen Forschungsgemeinschaft verliehen. Nach seiner Emeritierung 1995 nahm Haug Gastprofessuren in den USA wahr, in Lawrence, Kansas, und Notre Dame, Indiana. 1999/2000 las er im Rahmen der Wolfgang Stammler-Gastprofessur in Freiburg über ‚Erotik und Körperlichkeit im Mittelalter und in der frühen Neuzeit'.

Walter Haug ist Herausgeber der ‚Bibliothek des Mittelalters' im Deutschen Klassikerverlag, Mitherausgeber der ‚Bibliotheca Germanica', der Reihe ‚Fortuna vitrea' und der ‚Deutschen Vierteljahrsschrift für Literaturwissenschaft und Geistesgeschichte'. Er ist Korrespondierendes Mitglied der Akademie der Wissenschaften in Göttingen und der Königlich Niederländischen Akademie der Wissenschaften sowie ordentliches Mitglied der Heidelberger Akademie.

Veröffentlichungen von Walter Haug 1952–2002

(Lexikonartikel und Rezensionen in Auswahl)

1 Zum Begriff des Theatralischen. Versuch einer Deutung barocker Theatralik ausgehend vom Drama des Andreas Gryphius, Diss. München 1952 [Masch.].
2 Deutsche Prosa in der Krise, in: Philosophische Rundschau 9 (1962), S. 209–219.
3 Theodorichs Ende und ein tibetisches Märchen, in: Märchen, Mythos, Dichtung, FS Friedrich von der Leyen, München 1963, S. 83–115, wieder in: Strukturen [Nr. 71], S. 339–363.
4 Funktionsformen der althochdeutschen binnengereimten Langzeile, in: Werk – Typ – Situation. Studien zu poetologischen Bedingungen in der älteren deutschen Literatur, FS Hugo Kuhn, hg. von Ingeborg Glier, Gerhard Hahn, Walter Haug und Burghart Wachinger, Stuttgart 1969, S. 20–44, wieder in: Strukturen [Nr. 71], S. 143–161.
5 Vom Imram zur Aventiure-Fahrt. Zur Frage nach der Vorgeschichte der hochhöfischen Epenstruktur, in: Wolfram-Studien [1] (1970), S. 264–298, wieder in: Strukturen [Nr. 71], S. 379–408.
6 Die historische Dietrichsage. Zum Problem der Literarisierung geschichtlicher Fakten, in: ZfdA 100 (1971), S. 43–62.
7 Die Symbolstruktur des höfischen Epos und ihre Auflösung bei Wolfram von Eschenbach, in: DVjs 45 (1971), S. 668–705, wieder in: Strukturen [Nr. 71], S. 483–512.
8 Rez.: Entretiens sur la Renaissance du 12e siècle, hg. von Maurice de Gandillac und Edouard Jeauneau, Paris 1968, in: AfdA 82 (1971), S. 25–37.
9 *Aventiure* in Gottfrieds von Straßburg ‚Tristan‘, in: FS Hans Eggers, Tübingen 1972 (PBB 94, Sonderheft), S. 88–125, wieder in: Strukturen [Nr. 71], S. 557–582.
10 Struktur und Geschichte. Ein literaturtheoretisches Experiment an mittelalterlichen Texten, in: GRM 54 (1973), S. 129–152, wieder in: Strukturen [Nr. 71], S. 236–256.
11 Die Tristansage und das persische Epos ‚Wîs und Râmîn‘, in: GRM 54 (1973), S. 404–423, wieder in: Strukturen [Nr. 71], S. 583–599.
12 Über die Beschäftigung mit mittelalterlicher Literatur nach einer Lektüre der ästhetischen Schriften Bertolt Brechts, in: Tübinger Forschungen Nr. 78/79 (1974), S. 1–5, wieder in: Strukturen [Nr. 71], S. 126–140.
13 Der ‚Ruodlieb‘. Faksimile-Ausgabe des Codex Latinus Monacensis 19486 der Bayerischen Staatsbibliothek München und der Fragmente von St. Florian, I, 1. Teil, Wiesbaden 1974 [Einleitung], überarbeitet: Der ‚Ruodlieb‘, in: Strukturen [Nr. 71], S. 199–235.

14 Höfische Idealität und heroische Tradition im Nibelungenlied, in: Colloquio italo-germanico sul tema: I Nibelunghi, Roma, 14–15 maggio 1973, Accademia Nazionale dei Lincei (Atti dei Convegni Lincei 1), Roma 1974, S. 36–51, wieder in: Strukturen [Nr. 71], S. 293–307.

15 Wolframs ‚Willehalm'-Prolog im Lichte seiner Bearbeitung durch Rudolf von Ems, in: Kritische Bewahrung, FS Werner Schröder, Berlin 1974, S. 298–327, wieder in: Strukturen [Nr. 71], S. 615–636.

16 Andreas Heuslers Heldensagenmodell: Prämissen, Kritik und Gegenentwurf, in: ZfdA 104 (1975), S. 273–292, wieder in: Strukturen [Nr. 71], S. 277–292.

17 Artussage und Heilsgeschichte. Zum Programm des Fußbodenmosaiks von Otranto, in: DVjs 49 (1975), S. 577–606, überarbeitet in: Strukturen [Nr. 71], S. 409–446.

18 *Der aventiure meine*, in: Würzburger Prosastudien II: Untersuchungen zur Literatur und Sprache des Mittelalters, FS Kurt Ruh (Medium Aevum. Philologische Studien 31), München 1975, S. 93–111, wieder in: Strukturen [Nr. 71], S. 447–463.

19 Parzivals *zwîvel* und Willehalms *zorn*. Zu Wolframs Wende vom höfischen Roman zur Chanson de Geste, in: Wolfram-Studien 3 (1975), S. 217–231, wieder in: Strukturen [Nr. 71], S. 529–540.

20 Rudolfs ‚Willehalm' und Gottfrieds ‚Tristan': Kontrafaktur als Kritik, in: Deutsche Literatur des späten Mittelalters, Hamburger Colloquium 1973, hg. von Wolfgang Harms und L. Peter Johnson, Berlin 1975, S. 83–98, wieder in: Strukturen [Nr. 71], S. 637–650.

21 Rez.: Klaus von See, Germanische Heldensage. Stoffe, Probleme, Methoden. Eine Einführung, Frankfurt a.M. 1971, in: GRM 26 (1976), S. 113 bis 119.

22 Das Mosaik von Otranto. Darstellung, Deutung und Bilddokumentation, Wiesbaden 1977.

23 Gebet und Hieroglyphe. Zur Bild- und Architekturbeschreibung in der mittelalterlichen Dichtung, in: ZfdA 106 (1977), S. 163–183, wieder in: Strukturen [Nr. 71], S. 110–125; Vortragsfassung in: Wort und Bild, hg. von Hellmut Brunner, Richard Kannicht und Klaus Schwager (Symposion des Fachbereichs Altertums- und Kulturwissenschaften zum 500jährigen Jubiläum der Eberhard-Karls-Universität Tübingen 1977), München 1979, S. 249–262.

24 Das ‚Muspilli' oder Über das Glück literaturwissenschaftlicher Verzweiflung, in: Wolfgang Mohr und Walter Haug: Zweimal ‚Muspilli', Tübingen 1977, S. 24–78, überarbeitet in: Strukturen [Nr. 71], S. 162 bis 198.

25 Poetologische Universalien und Literaturgeschichte, in: LiLi Beih. 6: Erzählforschung 2, Göttingen 1977, S. 277–296, wieder in: Strukturen [Nr. 71], S. 3–20.

26 ‚Brandans Meerfahrt', in: ²VL 1 (1977/78), Sp. 985–991.

27 ‚Das Land, von welchem niemand wiederkehrt'. Mythos, Fiktion und Wahrheit in Chrétiens ‚Chevalier de la Charrete', im ‚Lanzelet' Ulrichs von Zatzikhoven und im ‚Lancelot'-Prosaroman (Untersuchungen zur deutschen Literaturgeschichte 21), Tübingen 1978.
28 Hugo Kuhn 1909–1978, in: DVjs 52 (1978) [unpaginiert].
29 Vorbemerkungen, Einleitung zum ersten Tag, in: Formen und Funktionen der Allegorie, Symposion Wolfenbüttel 1978, hg. von Walter Haug (Germanistische Symposien 3), Stuttgart 1979, S. VII–X, bzw. S. 1–11.
30 Erec, Enite und Evelyne B., in: Medium Aevum deutsch, FS Kurt Ruh, Tübingen 1979, S. 139–164, wieder in: Strukturen [Nr. 71], S. 464–482.
31 ‚Ermenrikes dot', in: 'VL 2 (1979), Sp. 611–617.
32 Hyperbolik und Zeremonialität. Zu Struktur und Welt von ‚Dietrichs Flucht' und ‚Rabenschlacht', in: Deutsche Heldenepik in Tirol. König Laurin und Dietrich von Bern in der Dichtung des Mittelalters, hg. von Egon Kühebacher, Bozen 1979, S. 116–134, wieder in: Strukturen [Nr. 71], S. 364–376.
33 Strukturalistische Methoden und mediävistische Literaturwissenschaft, in: Wolfram-Studien 5 (1979), S. 8–21.
34 Zum Verhältnis von Mythos und Literatur. Methoden und Denkmodelle anhand einer Beispielreihe von Njǫrðr und Skaði über Nala und Damayantī zu Amphitryon und Alkmene, in: Deutsche Literatur im Mittelalter. Kontakte und Perspektiven, Hugo Kuhn zum Gedenken, hg. von Christoph Cormeau, Stuttgart 1979, S. 1–22, wieder in: Strukturen [Nr. 71], S. 21–36.
35 Erzählen vom Tod her. Sprachkrise, gebrochene Handlung und zerfallende Welt in Wolframs ‚Titurel', in: Wolfram-Studien 6 (1980), S. 8–24, wieder in: Strukturen [Nr. 71], S. 541–553.
36 Paradigmatische Poesie. Der spätere deutsche Artusroman auf dem Weg zu einer ‚nachklassischen' Ästhetik, in: DVjs 54 (1980), S. 204–231, wieder in: Strukturen [Nr. 71], S. 651–671.
37 Die Sibylle und Vergil in der ‚Erlösung'. Zum heilsgeschichtlichen Programm der ‚Erlösung' und zu ihrer Position in der literarhistorischen Wende vom Hochmittelalter zum Spätmittelalter, in: Literatur in der Gesellschaft des Spätmittelalters, hg. von Hans Ulrich Gumbrecht (Begleitreihe zum GRLMA 1), Heidelberg 1980, S. 71–94, wieder in: Brechungen [Nr. 118], S. 617–639.
38 Der Artusritter gegen das magische Schachbrett oder Das Spiel, bei dem man immer verliert, in: Jahrbuch der Oswald von Wolkenstein Gesellschaft 1 (1980/81), S. 7–28, wieder in: Strukturen [Nr. 71], S. 672–686.
39 Normatives Modell oder hermeneutisches Experiment: Überlegungen zu einer grundsätzlichen Revision des Heuslerschen Nibelungenmodells, in: Hohenemser Studien zum Nibelungenlied, hg. von Achim Masser (Montfort. Vierteljahresschrift für Geschichte und Gegenwart Vorarlbergs 1980, H. 3/4), Dornbirn 1981, S. 212–226, wieder in: Strukturen

[Nr. 71], S. 308–325.
40 Transzendenz und Utopie. Vorüberlegungen zu einer Literarästhetik des Mittelalters, in: Literaturwissenschaft und Geistesgeschichte, FS Richard Brinkmann, Tübingen 1981, S. 1–22, wieder in: Strukturen [Nr. 71], S. 513–528.
41 Vom Eindringen des ‚Worts' ins Säkulum. Max Wehrlis ‚Geschichte der deutschen Literatur vom frühen Mittelalter bis zum Ende des 16. Jahrhunderts', Stuttgart 1980, in: Neue Zürcher Zeitung Nr. 73 vom 28./29. März 1981, S. 67.
42 Das Bildprogramm im Sommerhaus von Runkelstein, in: Walter Haug, Joachim Heinzle, Dietrich Huschenbett und Norbert H. Ott, Runkelstein. Die Wandmalereien des Sommerhauses, Wiesbaden 1982, S. 15–62, wieder in: Strukturen [Nr. 71], S. 687–708.
43 Das Komische und das Heilige. Zur Komik der religiösen Literatur des Mittelalters, in: Wolfram-Studien 7 (1982), S. 8–31, wieder in: Strukturen [Nr. 71], S. 257–274.
44 ‚Epos (Epik, Episierung) ', in: Enzyklopädie des Märchens 4 (1982), Sp. 73–96.
45 Rez.: Tankred Dorst, Merlin oder Das wüste Land, Frankfurt a.M. 1981: Die Sache mit dem Teufel oder Das Mittelalterlich-Utopische und das Modern-Utopische, in: Arbitrium 1 (1983), S. 100–108; Teilnachdruck in: Tankred Dorst, Merlin oder das wüste Land, hg. von Günther Erken, Frankfurt a.M. 1989, S. 182–185.
46 Rez.: Befund und Deutung. Zum Verhältnis von Empirie und Interpretation in Sprach- und Literaturwissenschaft, hg. von Klaus Grubmüller, Ernst Hellgardt, Heinrich Jellissen und Marga Reis, Tübingen 1979, in: PBB 104 (1982), S. 131–141.
47 Das Wort und die Sprache bei Meister Eckhart, in: Zur deutschen Literatur und Sprache des 14. Jahrhunderts, Dubliner Kolloquium 1981, hg. von Walter Haug, Timothy R. Jackson und Johannes Janota, Heidelberg 1983, S. 25–44, wieder in: Brechungen [Nr. 118], S. 579–591.
48 Schriftlichkeit und Reflexion. Zur Entstehung und Entwicklung eines deutschsprachigen Schrifttums im Mittelalter, in: Schrift und Gedächtnis, hg. von Aleida und Jan Assmann und Christof Hardmeier (Beiträge zur Archäologie der literarischen Kommunikation 1), München 1983, S. 141–157, wieder in: Strukturen [Nr. 71], S. 51–66.
49 Mittelalterliche Epik. Ansätze, Brechungen und Perspektiven, in: Epische Stoffe des Mittelalters, hg. von Volker Mertens und Ulrich Müller, Stuttgart 1984, S. 1–19.
50 Das Fantastische in der späteren deutschen Artusliteratur, in: Spätmittelalterliche Artusliteratur, Symposion der Görresgesellschaft 1982, hg. von Karl Heinz Göller, Paderborn/München/Wien/Zürich 1984, S. 133–149.
51 Das Gespräch mit dem unvergleichlichen Partner. Der mystische Dialog bei Mechthild von Magdeburg als Paradigma für eine personale Ge-

sprächsstruktur, in: Das Gespräch (Poetik und Hermeneutik 11), München 1984, S. 251–279, wieder in: Brechungen [Nr.118], S. 550–578.
52 Der Ackermann und der Tod, ebd., S. 281–286.
53 Literaturtheorie im deutschen Mittelalter von den Anfängen bis zum Ende des 13. Jahrhunderts. Eine Einführung, Darmstadt 1985.
54 ‚Das Meerwunder', in: ²VL 6 (1985), Sp. 294–298.
55 Der Teufel und das Böse im mittelalterlichen Roman, in: seminar 21 (1985), S. 165–191, wieder in: Strukturen [Nr. 71], S. 67–85.
56 Gottfrieds von Straßburg ‚Tristan'. Sexueller Sündenfall oder erotische Utopie, in: Akten des VII. Internationalen Germanisten-Kongresses, Band 1: Ansprachen, Plenarvorträge, Berichte, hg. von Albrecht Schöne, Göttingen 1985, Tübingen 1986, S. 41–52, wieder in: Strukturen [Nr. 71], S. 600–611.
57 Zur Grundlegung einer Theorie des mystischen Sprechens, in: Abendländische Mystik im Mittelalter, Symposion Kloster Engelberg 1984, hg. von Kurt Ruh (Germanistische Symposien 7), Stuttgart 1986, S. 494–508, wieder in: Brechungen [Nr. 118], S. 531–544.
58 Das Kugelspiel des Nicolaus Cusanus und die Poetik der Renaissance, in: Daphnis 15 (1986), S. 357–374, wieder in: Brechungen [Nr. 118], S. 362 bis 372.
59 Klassikerkataloge und Kanonisierungseffekte. Am Beispiel des mittelalterlich-hochhöfischen Literaturkanons, in: Kanon und Zensur, hg. von Aleida und Jan Assmann (Archäologie der literarischen Kommunikation 2), München 1987, S. 259–270, wieder in: Brechungen [Nr. 118], S. 45–56, und als: Mittelhochdeutsche Klassik, in: Literarische Klassik, hg. von Hans-Joachim Simm, Frankfurt a.M. 1988, S. 230–247 [geringfügig verändert].
60 Montage und Individualität im Nibelungenlied, in: Nibelungenlied und ‚Klage'. Sage und Geschichte, Struktur und Gattung, Passauer Nibelungengespräche 1985, hg. von Fritz Peter Knapp, Heidelberg 1987, S. 277 bis 293, wieder in: Strukturen [Nr. 71], S. 326–338.
61 Plädoyer für eine kritische Phantasie, in: Klassiker-Magazin, Frankfurt a.M. 1987, S. 18–42.
62 Weisheit, Reichtum und Glück. Über mittelalterliche und neuzeitliche Ästhetik, in: Philologie als Kulturwissenschaft. Studien zur Literatur und Geschichte des Mittelalters, FS Karl Stackmann, Göttingen 1987, S. 21 bis 37, wieder in: Brechungen [Nr. 118], S. 17–30.
63 Die Zwerge auf den Schultern der Riesen. Epochales und typologisches Geschichtsdenken und das Problem der Interferenzen, in: Epochenschwelle und Epochenbewußtsein, hg. von Reinhart Herzog und Reinhart Koselleck (Poetik und Hermeneutik 12), München 1987, S. 167–194, wieder in: Strukturen [Nr. 71], S. 86–109.
64 System, Epoche und Fortschritt – Fragen an Niklas Luhmann, ebd., S. 543–546.

65 Brautwerbung im Zerrspiegel: Salman und Morolf, in: Sammlung – Deutung – Wertung. Mélanges de littérature médiévale et de linguistique allemande offerts à Wolfgang Spiewok, hg. von Danielle Buschinger, Université de Picardie 1988, S. 179–188.

66 ‚Gral', in: Enzyklopädie des Märchens 6 (1988), Sp. 86–91.

67 Nußknackersuite, in: FS Ingo Reiffenstein, Göppingen 1988 (Göppinger Arbeiten zur Germanistik 478), S. 197–308.

68 Francesco Petrarca – Nicolaus Cusanus – Thüring von Ringoltingen. Drei Probestücke zu einer Geschichte der Individualität im 14./15. Jahrhundert, in: Individualität, hg. von Manfred Frank und Anselm Haverkamp (Poetik und Hermeneutik 13), München 1988, S. 291–324, wieder in: Brechungen [Nr. 118], S. 332–361.

69 Struktur, Gewalt und Begierde. Zum Verhältnis von Erzählmuster und Sinnkonstitution in mündlicher und schriftlicher Überlieferung, in: Idee, Gestalt, Geschichte, FS Klaus von See, Odense 1988, S. 143–157, wieder in: Brechungen [Nr. 118], S. 3–16.

70 Von der Idealität des arthurischen Festes zur apokalyptischen Orgie in Wittenwilers ‚Ring', in: Das Fest, hg. von Walter Haug und Rainer Warning (Poetik und Hermeneutik 14), München 1989, S. 157–179, wieder in: Brechungen [Nr. 118], S. 312–331.

71 Strukturen als Schlüssel zur Welt. Kleine Schriften zur Erzählliteratur des Mittelalters, Tübingen 1989, Studienausgabe 1990.

72 Der Tag der Heimkehr. Zu einer historischen Logik der Phantasie, in: Strukturen [Nr. 71], S. 37–50.

73 Experimenta medietatis im Mittelalter, in: Aufklärung und Gegenaufklärung in der europäischen Literatur, Philosophie und Politik von der Antike bis zur Gegenwart, hg. von Jochen Schmidt, Darmstadt 1989, S. 129 bis 152.

74 Literarhistoriker *untar heriun tuem*, in: *in hôhem prîse*, FS Ernst S. Dick (Göppinger Arbeiten zur Germanistik 480), Göppingen 1989, S. 129–144, wieder in: Brechungen [Nr. 118], S. 91–105.

75 Literatur und Leben im Mittelalter, in: Der Deutschunterricht 41/1 (1989), S. 12–26, wieder in: Brechungen [Nr. 118], S. 31–44.

76 Die Mauer des Paradieses. Zur *mystica theologia* des Nicolaus Cusanus in ‚De visione Dei', in: Theologische Zeitschrift 45 (1989) H. 2/3, FS Martin Anton Schmidt, S. 216–230, wieder in: Brechungen [Nr. 118], S. 606–616.

77 Hugo Scheppel – Der sexbesessene Metzger auf dem Lilienthron. Mit einem kleinen Organon einer alternativen Ästhetik für das späte Mittelalter, in: Wolfram-Studien 11 (1989), S. 185–205, wieder in: Brechungen [Nr. 118], S. 373 bis 389.

78 Verstehen heißt Wert verleihen. Überlegungen zu einem nichtklassizistischen Verständnis der älteren deutschen Literatur, in: Deutung und Wertung als Grundproblem philologischer Arbeit, Greifswald 1989 (Greifswalder Germanistische Forschungen 11), S. 78–88.

79 Wandlungen des Fiktionalitätsbewußtseins vom hohen zum späten Mittelalter, in: Entzauberung der Welt, hg. von James F. Poag und Thomas C. Fox, Tübingen 1989, S. 1–17, wieder in: Brechungen [Nr. 118], S. 251 bis 264.

80 Die Frage nach dem historischen Ort der Entzweiung von Natur und Geist: Rückblick und Diskussion, in: Die Trennung von Natur und Geist, hg. von Rüdiger Bubner, Burkhard Gladigow und Walter Haug, München 1990, S. 245–258.

81 Von *Aventiure* und *Minne* zu Intrige und Treue: Die Subjektivierung des hochhöfischen Aventürenromans im ‚Reinfrid von Braunschweig‘, in: Liebe und Aventiure im Artusroman des Mittelalters. Beiträge der Triester Tagung 1988, hg. von Paola Schulze-Belli und Michael Dallapiazza, Göppingen 1990, S. 7–22, wieder in: Brechungen [Nr. 118], S. 301–311.

82 ‚Kuhn, Hugo‘, in: Literatur Lexikon 7 (1990), S. 87.

83 Parzival ohne Illusionen, DVjs 64 (1990), S. 199–217, wieder in: Brechungen [Nr. 118], S. 125–139.

84 Der ‚Tristan‘ – eine interarthurische Lektüre, in: Artusroman und Intertextualität, hg. von Friedrich Wolfzettel, Gießen 1990, S. 57–72, wieder in: Brechungen [Nr. 118], S. 184–196.

85 Über die Schwierigkeiten des Erzählens in ‚nachklassischer‘ Zeit, in: Positionen des Romans im späten Mittelalter, hg. von Walter Haug und Burghart Wachinger (Fortuna vitrea 1), Tübingen 1991, S. 338–365, wieder in: Brechungen [Nr. 118], S. 265–287.

86 Exempelsammlungen im narrativen Rahmen: Vom ‚Pañcatantra‘ zum ‚Dekameron‘, in: Exempel und Exempelsammlungen, hg. von Walter Haug und Burghart Wachinger (Fortuna vitrea 2), Tübingen 1991, S. 264–287, wieder in: Brechungen [Nr. 118], S. 455–473.

87 Jörg Wickrams ‚Ritter Galmy‘. Die Zähmung des Romans als Ursprung seiner Möglichkeit, in: Traditionswandel und Traditionsverhalten, hg. von Walter Haug und Burghart Wachinger (Fortuna vitrea 5), Tübingen 1991, S. 96–120, wieder in: Brechungen [Nr. 118], S. 404–423.

88 (Mit Benedikt Konrad Vollmann) Frühe deutsche Literatur und lateinische Literatur in Deutschland 800–1150 (Bibliothek deutscher Klassiker 62; Bibliothek des Mittelalters 1), Frankfurt a.M. 1991.

89 Hat Wolfram von Eschenbach Chrétiens ‚Conte du Graal‘ kongenial ergänzt?, in: Arturus Rex, vol. II, Acta Conventus Lovaniensis 1987, hg. von Willy van Hoecke, Gilbert Tournoy und Werner Verbeke, Leuven 1991, S. 236–258, wieder in: Brechungen [Nr. 118], S. 109–124.

90 Vom Glanz der Weisheit zur Verzweiflung des Wissens, in: Weisheit, hg. von Aleida Assmann (Archäologie der literarischen Kommunikation 3), München 1991, S. 387–405.

91 Der Schatten des Kopfes der Kammerzofe. Der zwielichtige Platonismus im ‚Heptaméron‘ der Marguerite de Navarre, in: Literatur, Artes und Philosophie, hg. von Walter Haug und Burghart Wachinger (Fortuna vi-

trea 7), Tübingen 1992, S. 85–116, wieder in: Brechungen [Nr. 118], S. 474–498.

92 Ein Dichter wehrt sich. Wolframs Prolog zu den Gawan-Büchern, in: Wolfram-Studien 12 (1992), S. 214–229, wieder in: Brechungen [Nr. 118], S. 140–152.

93 Kritik der topischen Vernunft. Zugleich keine Leseanleitung zu ‚Geschichte als Topik' von Peter von Moos, in: PBB 114 (1992), S. 47–56.

94 Ernst Penzoldt – der Freund des Theaters, in: Ernst Penzoldt – Kunst und Poesie, Ausstellung im Palais Stutterheim, 3. Mai bis 14. Juni 1992, Erlangen 1992, S. 163–180.

95 Zum Tod von Wolfgang Mohr, in: Tübinger Universitätszeitung Nr. 50 (1992), S. 13 f.

96 Literaturtheorie im deutschen Mittelalter von den Anfängen bis zum Ende des 13. Jahrhunderts, 2., überarbeitete und erweiterte Auflage, Darmstadt 1992.

97 Grundformen religiöser Erfahrung als epochale Positionen. Vom frühmittelalterlichen Analogiemodell zum hoch- und spätmittelalterlichen Differenzmodell, in: Religiöse Erfahrung. Historische Modelle in christlicher Tradition, hg. von Walter Haug und Dietmar Mieth, München 1992, S. 75–108, wieder in: Brechungen [Nr. 118], S. 501–530.

98 ‚Joseph v. Arimathia', in: Enzyklopädie des Märchens 7 (1992), Sp. 635 bis 637.

99 Antrittsrede vor der Heidelberger Akademie der Wissenschaften, in: Jahrbuch der Heidelberger Akademie der Wissenschaften für 1992, Heidelberg 1993, S. 69–74.

100 Entwurf zu einer Theorie der mittelalterlichen Kurzerzählung, in: Kleinere Erzählformen des 15. und 16. Jahrhunderts, hg. von Walter Haug und Burghart Wachinger (Fortuna vitrea 8), Tübingen 1993, S. 1–36, wieder in: Brechungen [Nr. 118], S. 427–454.

101 Eros und Tod. Erotische Grenzerfahrung im mittelalterlichen Roman, in: Annäherungsversuche. Zur Geschichte und Ästhetik des Erotischen in der Literatur, hg. von Horst Albert Glaser (Facetten der Literatur. St. Galler Studien 4), Bern/Stuttgart/Wien 1993, S. 31–58, wieder in: Brechungen [Nr. 118], S. 197–213.

102 Innovation und Originalität: Kategoriale und literarhistorische Vorüberlegungen, in: Innovation und Originalität, hg. von Walter Haug und Burghart Wachinger (Fortuna vitrea 9), Tübingen 1993, S. 1–13.

103 Johannes Taulers Via negationis, in: Die Passion Christi in Literatur und Kunst des Spätmittelalters, hg. von Walter Haug und Burghart Wachinger (Fortuna vitrea 12), Tübingen 1993, S. 76–93, wieder in: Brechungen [Nr. 118], S. 592–605.

104 Theorie, Kritik, Perspektiven. Einleitung, in: Literarische Interessenbildung im Mittelalter, DFG-Symposion Maurach 1991, hg. von Joachim Heinzle (Germanistische Symposien 14), Stuttgart 1993, S. 357–364.

105 Mündlichkeit, Schriftlichkeit und Fiktionalität, in: Modernes Mittelalter. Neue Bilder einer populären Epoche, hg. von Joachim Heinzle, Frankfurt a.M./Leipzig 1994, S. 376–397, wieder in: Brechungen [Nr. 118], S. 59 bis 71.

106 Lesen oder Lieben? Erzählen in der Erzählung, vom ‚Erec' bis zum ‚Titurel', in: PBB 116 (1994), S. 302–323, wieder in: Brechungen [Nr. 118], S. 153–167.

107 Gloser la lettre oder Marie de France, die Liebe und die Allegorie, in: Lingua et traditio. Geschichte der Sprachwissenschaft und der neueren Philologien, FS Hans Helmut Christmann, Tübingen 1994, S. 117–132.

108 Zwischen Ehezucht und Minnekloster. Die Formen des Erotischen in Johann Fischarts ‚Geschichtklitterung', in: The Graph of Sex and the German Text. Gendered Culture in Early Modern Germany 1500–1700, hg. von Lynne Tatlock und Christiane Bohnert, Amsterdam 1994, S. 157 bis 177, wieder in: Brechungen [Nr. 118], S. 390–403.

109 Versuch über die zyklische Idee des ‚Prosalancelot', in: Cyclification. The Development of Narrative Cycles in the Chansons de Geste and the Arthurian Romances, hg. von Bart Besamusca, Willem P. Gerritsen u.a., Amsterdam/Oxford 1994, S. 210–214.

110 Die Grausamkeit der Heldensage. Neue gattungstheoretische Überlegungen zur heroischen Dichtung, in: Studien zum Altgermanischen, FS Heinrich Beck, Berlin/New York 1994, S. 303–326, wieder in: Brechungen [Nr. 118], S. 72–90.

111 Literaturgeschichte und Triebkontrolle. Bemerkungen eines Mediävisten zum sogenannten Prozeß der Zivilisation, in: Jahrbuch der Heidelberger Akademie der Wissenschaften für 1993, Heidelberg 1994, S. 51–58.

112 ‚Rhetorik in der Dichtung: Deutschland; Mittelalter', in: Historisches Wörterbuch der Rhetorik 2 (1994), Sp. 715–719.

113 Die Entdeckung der personalen Liebe und der Beginn der fiktionalen Literatur, in: Aufbruch – Wandel – Erneuerung. Beiträge zur ‚Renaissance' des 12. Jahrhunderts, hg. von Georg Wieland, Stuttgart-Bad Cannstatt 1995, S. 65–85, wieder in: Brechungen [Nr. 118], S. 233–248.

114 Der Kommentar und sein Subjekt. Grundpositionen exegetischer Kommentierung in Spätantike und Mittelalter: Tertullian, Hohelied-Mystik, Meister Eckhart, in: Text und Kommentar, hg. von Aleida und Jan Assmann (Archäologie der literarischen Kommunikation 4), München 1995, S. 333–354.

115 O Fortuna. Eine historisch-semantische Skizze zur Einführung, in: Fortuna, hg. von Walter Haug und Burghart Wachinger (Fortuna vitrea 15), Tübingen 1995, S. 1–22.

116 Eros und Fortuna. Der höfische Roman als Spiel von Liebe und Zufall, in: Fortuna, hg. von Walter Haug und Burghart Wachinger (Fortuna vitrea 15), Tübingen 1995, S. 52–75, wieder in: Brechungen [Nr. 118],

S. 214–232.

117 Der ‚Tristan' Gottfrieds von Straßburg: eine narrative Philosophie der Liebe? In: Albertus Magnus & der Albertismus. Deutsche philosophische Kultur des Mittelalters, hg. von Maarten J. F. M. Hoenen und Alain de Libera (Studien und Texte zur Geistesgeschichte des Mittelalters 48), Leiden/New York/Köln 1995, S. 15–32, wieder in: Brechungen [Nr. 118], S. 171–183.

118 Brechungen auf dem Weg zur Individualität. Kleine Schriften zur Literatur des Mittelalters, Tübingen 1995, Studienausgabe 1997.

119 Überlegungen zur Revision meiner ‚Grundlegung einer Theorie des mystischen Sprechens', in: Brechungen [Nr. 118], S. 545–549.

120 Kombinatorik und Originalität. Der ‚Roman van Walewein' als nachklassisches literarisches Experiment, in: Tijdschrift vor Nederlandse Taal- en Letterkunde 111 (1995), S. 195–205.

121 ‚Lancelot', in: Enzyklopädie des Märchens 8 (1995), Sp. 747–760.

122 Die Lust am Widersinn. Chaos und Komik in der mittelalterlichen Kurzerzählung, in: *bickelwort* und *wildiu mære*, FS Eberhard Nellmann, Göppingen 1995 (Göppinger Arbeiten zur Germanistik 618), S. 354–365.

123 Das Endspiel der arthurischen Tradition im ‚Prosalancelot', in: Das Ende. Figuren einer Denkform, hg. von Karlheinz Stierle und Rainer Warning (Poetik und Hermeneutik 16), München 1996, S. 251–266, wieder in: Brechungen [Nr. 118], S. 288–300.

124 Schwarzes Lachen. Überlegungen zum Lachen an der Grenze zwischen dem Komischen und dem Makabren, in: Semiotik, Rhetorik und Soziologie des Lachens. Vergleichende Studien zum Funktionswandel des Lachens vom Mittelalter zur Gegenwart, hg. von Lothar Fietz, Joerg O. Fichte und Hans-Werner Ludwig, Tübingen 1996, S. 49–64.

125 Der scheiternde Platonismus in Giordano Brunos ‚Heroici Furori', in: Knowledge, Science, and Literature in Early Modern Germany, hg. von Gerhild Scholz Williams und Stephan K. Schindler, Chapel Hill/London 1996, S. 131–148.

126 Die Verwandlungen des Körpers zwischen ‚Aufführung' und ‚Schrift', in: ‚Aufführung' und ‚Schrift' in Mittelalter und Früher Neuzeit, hg. von Jan-Dirk Müller (Germanistische Symposien. Berichtsbände 17), Stuttgart/Weimar 1996, S. 190–204.

127 „Das ritterliche Tugendsystem": Norm oder Herausforderung?, in: Veröffentlichungen des Japanisch-Deutschen Zentrums Berlin, Reihe 1, Bd. 30 (P 465), Berlin 1996, S. 56–70.

128 Die Zukunft der Geisteswissenschaften, in: Die Zukunft der Universität, Symposion im Heinrich-Fabri-Institut, hg. von Dietrich Rössler (Tübinger Universitätsreden NF 22), Tübingen 1996, S. 15–42.

129 Mittelhochdeutsche Klassik zwischen Norm und Normverstoß, in: Norm und Transgression in deutscher Sprache und Literatur, Kolloquium in Santiago de Compostela, 4.–7. Oktober 1995, hg. von Victor Millet,

München 1996, S. 1–17.
130 Erzählen als Suche nach personaler Identität. Oder: Gottfrieds von Straßburg Liebeskonzept im Spiegel des neuen ‚Tristan'-Fragments von Carlisle, in: Erzählungen in Erzählungen. Phänomene der Narration in Mittelalter und früher Neuzeit, hg. von Harald Haferland und Michael Mecklenburg, München 1996, S. 177–187.
131 Das Geständnis. Liebe und Risiko in Rede und Schrift, in: Gespräche – Boten – Briefe. Körpergedächtnis und Schriftgedächtnis im Mittelalter, hg. von Horst Wenzel (Philologische Studien und Quellen 143), Berlin 1997, S. 23–41.
132 La *via negationis* di Johannes Tauler. La Sapienza della Croce, in: Rivista di cultura e spiritualità della passione 12 (1997), S. 117–132.
133 Vernacular Literary Theory in the Middle Ages. The German Tradition, 800–1300, in its European Context (Cambridge Studies in Medieval Literature 29), Cambridge 1997.
134 Mehr als eine kritische Summe der ‚Brandan'-Forschung, Rez. Clara Strijbosch, De bronnen van ‚De reis van Sint Brandaan', Hilversum 1995, in: Queeste 4 (1997), S. 60–62.
135 Reinterpreting the Tristan Romances of Thomas and Gotfrid: Implications of a Recent Discovery, in: Arthuriana 7/3 (1997), S. 45–59.
136 Von der Schwierigkeit heimzukehren. Die Walthersage in ihrem motivgeschichtlichen und literaturanthropologischen Kontext, in: Verstehen durch Vernunft, FS Werner Hoffmann, Wien 1997, S. 129–144.
137 Kontingenz als Spiel und das Spiel mit der Kontingenz. Zufall, literarisch, im Mittelalter und in der frühen Neuzeit, in: Kontingenz, hg. von Gerhart von Graevenitz und Odo Marquard (Poetik und Hermeneutik 17), München 1998, S. 151–172.
138 Montaigne oder Die dritte ‚Lösung' des Kontingenzproblems, ebd., S. 285–290.
139 Maß und Maßlosigkeit in der mittelalterlichen deutschen Literatur, in: aviso 2/98, S. 15–17.
140 Predigt 63: ‚got ist die mynne', in: Lectura Eckhardi. Predigten Meister Eckharts von Fachgelehrten gelesen und gedeutet, hg. von Georg Steer und Loris Sturlese, Stuttgart/Berlin/Köln 1998, S. 201–217.
141 ‚Walther und Hildegund', in: ²VL 10 (1998), Sp. 644–646.
142 Kulturgeschichte und Literaturgeschichte. Einige grundsätzliche Überlegungen aus mediävistischer Sicht, in: Kultureller Austausch und Literaturgeschichte im Mittelalter – Transferts culturels et histoire littéraire au Moyen Âge, hg. von Ingrid Kasten, Werner Paravicini und René Pérennec (Beihefte der Francia 43), Sigmaringen 1998, S. 23–33.
143 Geheimnis und dunkler Stil, in: Schleier und Schwelle (Archäologie der literarischen Kommunikation 5), Bd. 2: Geheimnis und Offenbarung, hg. von Aleida und Jan Assmann, München 1998, S. 205–217.
144 Literaturwissenschaft als Kulturwissenschaft?, in: DVjs 73 (1999), S. 69–93.

145 Erwiderung auf die Erwiderung, ebd., S. 116–121.
146 *Christus tenens medium in omnibus*. Das Problem der menschlichen Eigenmächtigkeit im neuplatonischen Aufstiegskonzept und die Lösung Bonaventuras im ‚Itinerarium mentis in Deum', in: Homo Medietas. Aufsätze zu Religiosität, Literatur und Denkformen des Menschen vom Mittelalter bis in die Neuzeit, FS Alois Haas, Bern / Berlin usw. 1999, S. 79 bis 96.
147 Rez. Horst Wenzel, Hören und Sehen, Schrift und Bild: Kultur und Gedächtnis im Mittelalter, München 1995, in: GRM NF 49 (1999), S. 103–106.
148 Gottfrieds von Straßburg Verhältnis zu Thomas von England im Licht des neu aufgefundenen ‚Tristan'-Fragments von Carlisle, in: Koninklijke Nederlandse Akademie van Wetenschappen, Mededelingen van de Afdeling Letterkunde, Nieuwe Reeks, Deel 62 no. 4, Amsterdam 1999.
149 Die Einsamkeit des epischen Helden und seine scheiternde Sozialisation. Zur Anthropologie eines narrativen Musters, in: ZfdA 128 (1999), S. 1 bis 16, wieder als: Programmierte Einsamkeit. Zur Anthropologie eines narrativen Musters, in: Einsamkeit, hg. von Aleida und Jan Assmann (Archäologie der literarischen Kommunikation 6), München 2000, S. 59 bis 75 [geringfügig verändert].
150 The ‚Roman van Walewein' as a postclassical literary experiment, in: Arthurian Literature XVII: Originality and Tradition in the Middle Dutch ‚Roman van Walewein', hg. von Bart Besamusca und Erik Kooper, Bury St Edmunds, Suffolk 1999, S. 17–28.
151 Das Spiel mit der arthurischen Struktur in der Komödie von Yvain/Iwein, in: Erzählstrukturen der Artusliteratur. Forschungsgeschichte und neue Ansätze, hg. von Friedrich Wolfzettel, Tübingen 1999, S. 99–118.
152 Für eine Ästhetik des Widerspruchs. Neue Überlegungen zur Poetologie des höfischen Romans, in: Mittelalterliche Literatur und Kunst im Spannungsfeld von Hof und Kloster. Ergebnisse der Berliner Tagung, 9.–11. Oktober 1997, hg. von Nigel F. Palmer und Hans-Jochen Schiewer, Tübingen 1999, S. 211–228.
153 Wendepunkte in der Geschichte der Mystik, in: Mittelalter und frühe Neuzeit. Übergänge, Umbrüche und Neuansätze, hg. von Walter Haug (Fortuna vitrea 16), Tübingen 1999, S. 357–377.
154 Der Tristanroman im Horizont der erotischen Diskurse des Mittelalters und der frühen Neuzeit, Freiburg/Schweiz 2000.
155 Gotteserfahrung und Du-Begegnung. Korrespondenzen in der Geschichte der Mystik und der Liebeslyrik, in: Geistliches in weltlicher und Weltliches in geistlicher Literatur des Mittelalters, hg. von Christoph Huber, Burghart Wachinger und Hans-Joachim Ziegeler, Tübingen 2000, S. 195–212.
156 *Joie de la curt*, in: Blütezeit, FS L. Peter Johnson, Tübigen 2000, S. 271 bis 290.

157 Hugo Kuhn (1909–1978), in: Wissenschaftsgeschichte der Germanistik in Porträts, hg. von Christoph König, Hans-Harald Müller und Werner Röcke, Berlin/New York 2000, S. 259–272.

158 Deutsche Mystik im abendländischen Zusammenhang. Neu erschlossene Texte, neue methodische Ansätze, neue theoretische Konzepte, Kolloquium Kloster Fischingen 1998, hg. von Walter Haug und Wolfram Schneider-Lastin, Tübingen 2000.

159 Warum darf Literaturwissenschaft nicht Literaturwissenschaft sein?, in: Lesbarkeit der Kultur. Literaturwissenschaften zwischen Kulturtechnik und Ethnographie, hg. von Gerhard Neumann und Sigrid Weigel, München 2000, S. 201–220.

160 Die neue Poetologie der vulgärsprachlichen Dichtung des 12. Jahrhunderts, in: Wolfram-Studien XVI. Aspekte des 12. Jahrhunderts (2000), S. 70–83.

161 Tristan und Lancelot. Das Experiment mit der personalen Liebe im 12./13. Jahrhundert, in: Über die Liebe. Ein Symposion, hg. von Heinrich Meier und Gerhard Neumann, München/Zürich 2001, S. 197–233.

162 Das Böse und die Moral. Erzählen unter dem Asepkt einer narrativen Ethik, in: Interdisziplinäre Ethik. Grundlagen, Methoden, Bereiche, FS Dietmar Mieth, Freiburg/Schweiz 2001, S. 243–268.

163 Der Teufelspakt vor Goethe oder Wie der Umgang mit dem Bösen als *felix culpa* zu Beginn der Neuzeit in die Krise gerät, in: DVjs 75 (2001), S. 185–215.

164 Das literaturtheoretische Konzept Wolframs von Eschenbach. Eine neue Lektüre des ‚Parzival'-Prologs, in: PBB 123 (2001), S. 211–229.

165 Hat das Nibelungenlied eine Konzeption?, in: Das Nibelungenlied. Actas do Simpósio Internacional 27 de Outubro de 2000, hg. von John Greenfield, Porto 2001, S. 27–49.

166 Wege der Befreiung von Autorität: Von der fingierten Quelle zur göttlichen Inspiration, in: The Construction of Textual Authority in German Literature of the Medieval and Early Modern Periods, hg. von James F. Poag und Claire Baldwin, Chapel Hill/London 2001, S. 31–48.

167 Rez.: Joachim Bumke, Die Blutstropfen im Schnee. Über Wahrnehmung und Erkenntnis im ‚Parzival' Wolframs von Eschenbach, Tübingen 2001, in: ZfdPh 121 (2002), S. 134–139.

168 Geschichte, Fiktion und Wahrheit. Zu den literarischen Spielformen zwischen Faktizität und Phantasie, in: Historisches und fiktionales Erzählen im Mittelalter, hg. von Fritz Peter Knapp und Manuela Niesner (Schriften zur Literaturwissenschaft 19), Berlin 2002, S. 115–131.

169 Erzählung und Reflexion in Gottfrieds ‚Tristan', in: Der ‚Tristan' Gottfrieds von Straßburg. Symposion Santiago de Compostela, 5. bis 8. April 2000, hg. von Christoph Huber und Victor Millet, Tübingen 2002, S. 281–294.

170 Gibt es einen Zusammenhang zwischen dem klerikalen Konzept der

Curialitas und dem höfischen Weltentwurf des vulgärsprachlichen Romans?, in: Courtly Literature and Clerical Culture. Selected Papers from the Tenth Triennial Congress of the International Courtly Literature Society, Universität Tübingen, Deutschland, 28. Juli bis 3. August 2001, hg. von Christoph Huber und Henrike Lähnemann, Tübingen 2002, S. 57–75.

171 Die Rollen des Begehrens. Weiblichkeit, Männlichkeit und Mythos im arthurischen Roman, in: Literarische Leben. Rollenentwürfe in der Literatur des Hoch- und Spätmittelalters, FS Volker Mertens, Tübingen 2002, S. 247–267.

172 La problematica dei generi nelle novelle di Boccaccio: La prospettiva di un medievista, in: Autori e lettori di Boccaccio. Atti del Convegno internazionale di Certaldo (20–22 settembre 2001), a cura di Michelangelo Picone, Firenze 2002, S. 127–140.

173 Nicolaus Cusanus zwischen Meister Eckhart und Cristoforo Landino. Der Mensch als Schöpfer und der Weg zu Gott, in: Nicolaus Cusanus zwischen Deutschland und Italien. Beiträge eines deutsch-italienischen Symposiums in der Villa Vigoni, hg. von Martin Thurner, Berlin 2002, S. 577–600.

174 Die ‚Königin Sibille' der Elisabeth von Nassau-Saarbrücken und das Problem des Bösen im postarthurischen Roman, in: Zwischen Deutschland und Frankreich. Elisabeth von Lothringen, Gräfin von Nassau-Saarbrücken, hg. von Wolfgang Haubrichs und Hans-Walter Herrmann, unter Mitarbeit von Gerhard Sauder (Veröffentlichungen der Kommission für Saarländische Landesgeschichte und Volksforschung 34), St. Ingbert 2002, S. 477–493.

Wolfgang Stammler Gastprofessur

für Germanische Philologie
an der Universität Freiburg Schweiz

Heft 1
Walter Blank
Naturanschauung im Mittelalter
1994. 45 S. ISBN 3-11-018077-4

Heft 2
Stefan Sonderegger
Althochdeutsch als Anfang deutscher Sprachkultur
1994. 91 S. ISBN 3-11-018076-6

Heft 3
Paul Gerhard Schmidt
Das Interesse an mittellateinischer Literatur
1995. 43 S. ISBN 3-11-018075-8

Heft 4
Walter Salmen
König David – eine Symbolfigur in der Musik
1995. 33 S. ISBN 3-11-018074-x

Heft 5
Alois Wolf
Das Faszinosum der mittelalterlichen Minne
1996. 66 S. ISBN 3-11-018073-1

Heft 6
Michael Curschmann
Vom Wandel im bildlichen Umgang mit literarischen Gegenständen.
Rodenegg, Wildenstein und das Flaarsche Haus in Stein am Rhein
1997. 99 S. ISBN 3-11-018072-3

Heft 7
Alois M. Haas
Der Kampf um den Heiligen Geist – Luther und die Schwärmer
1997. 48 S. ISBN 3-11-018071-5

Heft 8
Oskar Reichmann
*Nationales und europäisches Modell
in der Sprachgeschichtsschreibung des Deutschen*
2001. 101 S. ISBN 3-11-018070-7

Heft 10
Walter Haug
*Die höfische Liebe im Horizont der erotischen Diskurse
des Mittelalters und der Frühen Neuzeit*
2. A. 2004. 77 S. ISBN 3-11-018049-9

Heft 11
Marc-René Jung
*Die Vermittlung historischen Wissens zum Trojanerkrieg
im Mittelalter*
2001. 43 S. ISBN 3-11-018068-5

Heft 12
Burghart Wachinger
Der Sängerstreit auf der Wartburg
2004. 78 S. ISBN 3-11-017919-9